I0816442

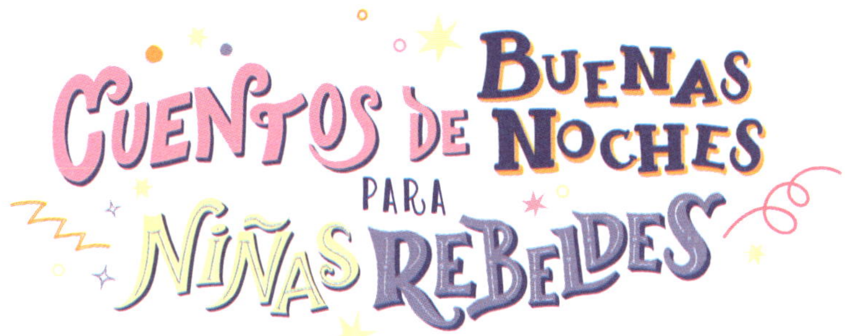
CUENTOS DE BUENAS NOCHES PARA NIÑAS REBELDES

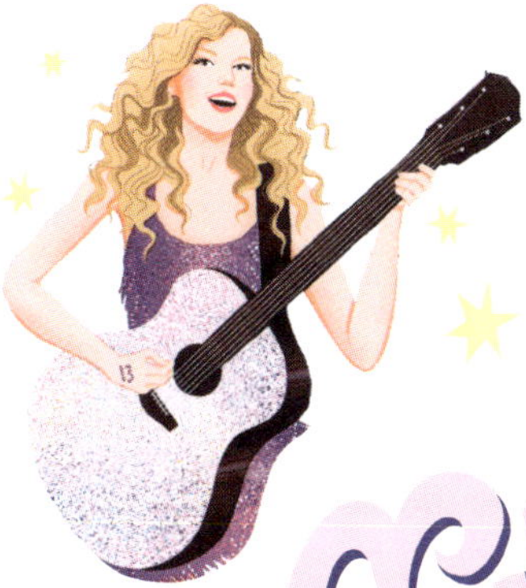

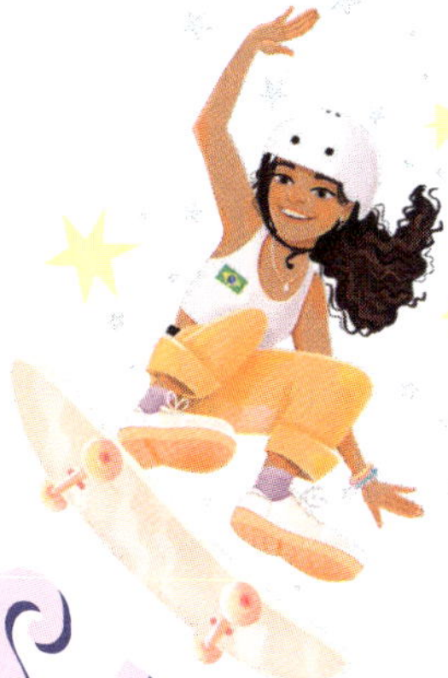

CUENTOS DE BUENAS NOCHES PARA NIÑAS REBELDES

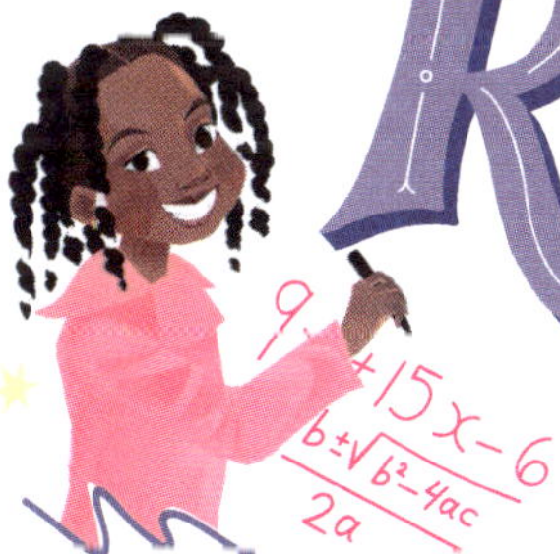

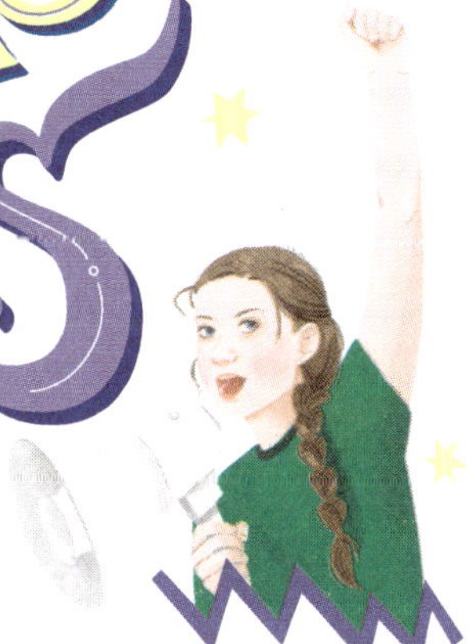

PRÓLOGO POR
BINDI IRWIN

100 jóvenes que están cambiando al mundo

NIÑAS REBELDES

Planeta

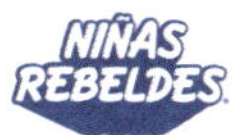

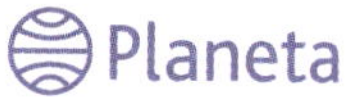

Título original: *Good Night Stories For Rebel Girls: 100 Inspiring Young Changemakers*

Publicado por primera vez en inglés por Rebel Girls, Inc.

Por Story Hemi-Morehouse, Sam Guss, Ama Kwarteng, Sofia Aguilar, Emily Connor, Shannon Jade, Sydnee Monday, Shelbi Polk, Tatyana White-Jenkins, Avery Girion, Maithy Vu, and Jess Harrington

Traducción: Laura Irene González Mendoza

Adaptación de portada: Planeta Arte & Diseño
Adaptación de lettering de portada: Carmen Irene Gutierrez Romero / David López
Diseño de interiores y portada: Kristen Brittan
Dirección de arte: Giulia Flamini

Bajo el sello editorial PLANETA M.R.
Avenida Presidente Masarik núm. 111,
Piso 2, Polanco V Sección, Miguel Hidalgo
C.P. 11560, Ciudad de México
www.planetadelibros.com.mx

Primera edición impresa en México: septiembre de 2022
ISBN: 978-607-07-9192-5

Esta es una obra de no ficción creativa. Es una colección de conmovedores y estimulantes cuentos para dormir inspirados en las vidas y aventuras de más de 100 mujeres heroicas. No es un relato enciclopédico de los acontecimientos y logros de sus vidas.

Impreso en los talleres de Litográfica Ingramex, S.A. de C.V.
Centeno núm. 162-1, colonia Granjas Esmeralda, Ciudad de México
Impreso y hecho en México – *Printed and made in Mexico*

Para las Niñas Rebeldes del mundo:

Persigan aquello que desate su imaginación

y alimente su espíritu.

Piensen en grande, creen sin miedo

y derriben las puertas que sean necesarias.

Ustedes son el cambio.

ÍNDICE

PREFACIO

Soy una Guerrera de la Vida Salvaje con la misión de defender y hablar en nombre de aquellos que no pueden hacerlo. Mi vida siempre ha sido «salvaje»: vivo en medio de un enorme santuario llamado Zoológico de Australia, y toda mi existencia gira en torno a la preservación del medio ambiente. No se trata únicamente de lo que hago, es lo que soy. Mientras crecía, mis papás grabaron cientos de episodios de una serie documental titulada *El cazador de cocodrilos*; su propósito era educar e inspirar al mundo para que amaran y respetaran a todas las criaturas. Me involucraron en sus misiones ecologistas y me enseñaron a tratar a todos los seres vivos como me gustaría que me trataran a mí; gracias a esto, sé que es fundamental recordar que una araña merece que la valoren tanto como a un elefante.

Me uní a la tradición familiar de difundir el mensaje ecologista desde nuestra plataforma, grabando muchas películas y programas de televisión, escribiendo libros, dando charlas, trabajando con periodistas y usando las redes sociales. Hoy, la empatía que mis padres me enseñaron a tenerle a todas las especies sigue presente en todo lo que hago y me siento orgullosa de formar parte de una iniciativa mundial para proteger a nuestra Madre Tierra.

Todo está conectado, la fauna, los lugares silvestres y los humanos. Cuando la gente escucha la palabra preservación, por lo general solo piensa en criaturas del bosque. Sin embargo, la preservación nos incluye a todos, y en especial a las personas: el impacto que tenemos sobre nuestro planeta se notará en el futuro, por lo cual es muy importante ser conscientes de cómo tratamos al mundo natural. Incluso cosas pequeñas, como cerrar la llave mientras te lavas los dientes o sembrar un árbol, hacen una gran diferencia.

Mi familia y yo hemos instaurado programas para criar especies en peligro de extinción en el Zoológico de Australia; además, hemos preservado cerca de doscientas mil hectáreas de áreas naturales protegidas por todo el país. Nuestra fundación de beneficencia, Wildlife Warriors (Guerreros de la Vida Salvaje), apoya cuando se presentan crisis de animales y conflictos entre ellos y los humanos. Construimos uno de los hospitales para fauna silvestre más activos del mundo, en donde les hemos dado a más de cien mil criaturas una segunda oportunidad para regresar a la naturaleza. He participado en más rescates de animales de los que puedo contar, y cada día siento la urgencia de hacer todo lo que pueda por nuestro planeta. Para mí es importante proteger a cada animal que encuentre, y al mismo tiempo generar un cambio a mayor escala para nuestro entorno natural.

Ser un agente de cambio consiste en creer en tu fuerza para cambiar el mundo. Me encanta este libro porque destaca a niñas y jóvenes extraordinarias que defienden aquello en lo que creen para crear un mejor futuro para las generaciones venideras. Emprendedoras, ecologistas, inventoras, científicas... hay tantos proyectos de vida fantásticos que se pueden leer aquí. Sus logros nos recuerdan que perseverar en tus propias acciones es tan importante como impulsar a los demás. Gracias a su fuerza y a su determinación de lograr un cambio en el medio ambiente, Helena Gualinga ha iniciado un movimiento de activismo que parecía imposible; Esther Okade nos muestra que puedes seguir tus sueños y lograr lo que sea, incluso dominar las matemáticas avanzadas, sin importar tu edad; Jojo Siwa predica con el ejemplo, manteniéndose fiel a sí misma y recordándonos a todos que el amor siempre es amor, sin importar las etiquetas ni los prejuicios. Este libro está repleto de visionarias que demuestran que, si tenemos pasión y dedicación, podemos incluso mover montañas.

Mientras lees sobre estas extraordinarias pioneras, recuerda que tú también puedes ser un agente de cambio con tus acciones diarias. Quiero que sepas que eres exactamente lo que este mundo necesita; la amabilidad con la que tratas a los demás, los sueños que te apasionan y los esfuerzos que emprendes cada día están haciendo el cambio. Deja que las historias de este libro te recuerden que el mundo es tuyo y también puedes llenarlo de inspiración.

Bindi

Bindi Irwin

INTRODUCCIÓN

¡Hola, Rebeldes!

Este libro brillante y encantador es el quinto volumen de la serie *Cuentos de buenas noches para Niñas Rebeldes*. Somos Jess y Maithy, las editoras de este proyecto tan especial, y estamos emocionadas de contártelo todo. Como ya sabrás, los libros para Niñas Rebeldes siempre han tenido como protagonistas a mujeres del pasado y del presente, pero esta vez pensamos en hacer algo nuevo. Decidimos mostrar a las agentes de cambio de hoy, las que están construyendo nuestro futuro ahora mismo, las que innovan, exploran, crean y se convierten en líderes.

A lo largo de los años, lectoras como tú nos han enviado nombres de increíbles Rebeldes que esperaban ver entre las páginas de nuestros libros. Revisamos los cientos y cientos de pioneras que nos han sugerido y nos impresionó la cantidad de jóvenes y niñas que viven con tanta audacia y valentía; fue entonces cuando decidimos que lo más lógico era contar sus historias y que estas a su vez fueran escritas e ilustradas por otras jóvenes.

En primer lugar, seleccionamos un grupo increíble y diverso de agentes de cambio para compartirlo con nuestras lectoras. Luego pasamos meses investigando a soñadoras y emprendedoras de todos los rincones del mundo, incluidos países que nunca habíamos incluido en nuestros libros, como Indonesia, Dinamarca, Liechtenstein, Bulgaria, Uruguay y Sri Lanka. Por último les preguntamos a ustedes qué temas les interesan más. Recibimos respuestas muy reveladoras, pues nos compartieron su interés por leer sobre la salud mental, los derechos de los animales y la positividad corporal. Por eso nos aseguramos de incluir a personas como Te Manaia Jennings, una pintora que utiliza sus obras de arte para ayudar a normalizar las luchas, historias y conversaciones en torno a la salud mental; Earyn McGee, una herpetóloga que educa a la gente sobre los lagartos a través de las redes sociales; y Megan Jayne Crabbe, una activista e *influencer* que inspira a otros a amar sus cuerpos sin importar su forma o tamaño.

Al hojear estas páginas conocerás a artistas, inventoras, atletas, activistas, científicas y mucho más. Algunas de estas Rebeldes están superando los límites de sus especialidades; tal es el caso de Marine Serre, una diseñadora de modas que utiliza material reciclado para confeccionar su ropa, o Puisand Lai, quien decidió que ser buena en un solo deporte en silla de ruedas no era suficiente. También hay quienes están forjando caminos completamente nuevos, como Alina Morse, la adolescente que dirige su propia empresa de dulces saludables, y Shaine Kilyun, cuya pasión por ayudar a los animales la llevó a crear desde cero un negocio de sillas de ruedas para mascotas. Todas estas Rebeldes saben que las posibilidades son ilimitadas para ellas... ¡y también para ti!

Los temas de este libro están cambiando el mundo en tiempo real, ya que se centran en los problemas únicos que afectan a niñas, niños y adolescentes de hoy. Por ejemplo, después de ver cómo acosaban en internet a una compañera de clase, Milena Radoytseva comenzó una campaña contra el acoso con la esperanza de que, algún día, ningún niño encuentre mensajes desagradables al abrir su teléfono o computadora; algo similar sucedió con Rayouf Alhumedhi: cuando se dio cuenta de que no había ningún emoji que se pareciera a ella ni a los millones de niñas que usan hiyabs, tomó cartas en el asunto y lo diseñó por sí misma.

Esperamos que cada una de estas historias te inspire a pensar en GRANDE, sin importar la edad que tengas. Cassidy Crowley y Mikaila Ulmer empezaron sus propios negocios antes de llegar a la adolescencia. DJ Switch es la prueba de que la confianza y la dedicación (y tal vez un ritmo *funky*) son mucho más importantes que la edad que aparece en tu acta de nacimiento. De igual modo, la artista del dominó Lily Hevesh nos muestra que un pasatiempo peculiar puede convertirse en algo que nunca creíste posible.

Trece autoras y editoras de treinta años o menos dieron vida a estas historias en las páginas de nuestro extravagante cuento de hadas. Además, ochenta jóvenes artistas (¡de hasta once años!) iluminaron cada uno de los relatos con colores vibrantes, utilizando su propio estilo y técnica. Por eso este libro es la prueba de que cuando las jóvenes y las niñas se unen pueden hacer magia.

No olvidemos que, para las Rebeldes que aquí aparecen, este es apenas el principio. Estamos fascinadas de capturar una pequeña parte de sus viajes y morimos de ganas por verlas crecer, aprender y seguir en acción. Al igual que tú, tienen toda la vida por delante para descubrir, crear, inventar e inspirar a las demás; y al igual que ellas, TÚ tienes el poder de hacer un cambio. Con tu talento, valentía y visión, el futuro será más brillante que nunca. Estamos impacientes por ver lo mucho que puedes resplandecer.

Sueña lo imposible,

Jess y Maithy

Jess Harriton y Maithy Vu

Cuentos de Buenas Noches
para
Niñas Rebeldes

A'JA WILSON

BASQUETBOLISTA

Había una vez una niña de once años en Carolina del Sur a la que le encantaba el sonido del balón de basquetbol al atravesar la red. ¡Chuf! Era un sonido familiar: su padre había jugado profesionalmente en el extranjero diez años, así que A'ja creció aprendiendo todo sobre ese deporte.

En la secundaria tuvo momentos difíciles. La **dislexia** era la razón de su poca autoestima y le restaba confianza. «Tenía problemas de autoestima. Era una adolescente alta, larguirucha y pecosa tratando de entender su lugar». Un día, mientras rebotaba con facilidad un balón por la cancha, comprendió que ahí era donde pertenecía.

En la preparatoria entró al equipo titular a los catorce años. Sus tardes estaban llenas de entrenamientos sudorosos, tenis que rechinaban en la duela del gimnasio y un zumbido tras otro de la red. Los reclutadores de las universidades se fijaron en su velocidad, destreza e impresionantes tiros de tres puntos.

Acudió a la Universidad de Carolina del Sur, donde ayudó a su equipo a ganar un campeonato nacional. Después de graduarse, la reclutaron para Las Vegas Aces de la WNBA, la Asociación Nacional de Basquetbol Femenil, donde la nombraron una de las jugadoras más valiosas. El basquetbol la llevó a Rusia, China y Lituania, e incluso ganó una medalla de oro olímpica en 2021.

Aún recuerda lo que era sentirse fuera de lugar en la secundaria; por eso creó la Fundación A'ja Wilson, para ayudar a gente que como ella se enfrenta a la dislexia y empoderarla para que desarrolle su potencial.

NACIÓ EL 8 DE AGOSTO DE 1996

ESTADOS UNIDOS

NO NECESITAS
SACAR A NADIE DEL
JUEGO PARA GANAR.
A'JA WILSON
LAS VEGAS
22
ILUSTRACIÓN DE
DANIELLE ELYSSE MANN

AJ CLEMENTINE

ACTIVISTA LGBTTTIQ Y MODELO

Había una vez una niña llamada AJ que se dio cuenta de que su historia tenía el poder de cambiar las cosas, pero primero tenía que descubrir quién era.

AJ creció en un hogar amoroso. En casa, con su mamá y su padrastro, podía jugar con cualquier tipo de juguete: pistolas de agua, camiones, muñecas y disfraces, podía ser ella misma. Sin embargo, en el mundo exterior la situación no era la misma pues AJ se sentía muy diferente de los demás chicos. Conforme fue creciendo, AJ comenzó a entender quién era realmente: «Soy una niña», dijo.

AJ es **transgénero**. Al principio era difícil compartir sus experiencias. Algunas personas no le creían cuando lo explicaba, pero no dejó que nadie la detuviera. Empezó a utilizar sus redes sociales para compartir su proceso de transición. «Si alzo la voz, puedo ayudar a otras personas transgénero a sentirse seguras», pensó.

Poco a poco, cada vez más personas descubrieron sus videos sobre cómo era ser transgénero. Sus seguidores se sintieron atraídos por su sinceridad, sus coloridos maquillajes y *looks* de moda. Todo cambió cuando se asoció con un importante festival LGBTTTIQ en Sídney, Australia; de repente estaba en un estudio modelando ropa interior y calcetines: era la primera modelo transgénero que representaba a una reconocida marca de ropa australiana. Luego llegó el contrato para escribir un libro. En sus memorias, AJ compartió toda su historia con sus fans y los animó a hacer lo mismo con sus propios procesos. Ella sabe de primera mano que una historia puede impulsar muchísimas más.

NACIÓ EL 14 DE MARZO DE 1996

AUSTRALIA

ILUSTRACIÓN DE
BETSY FALCO
DEBERÍAMOS CREAR
ENTORNOS EN LOS QUE
NIÑAS Y NIÑOS SIENTAN
QUE SON PERFECTOS
TAL COMO SON.
AJ CLEMENTINE

ALEXANDRA HUYNH

POETA

Había una vez, en Sacramento, California, una niña llamada Alexandra que se enamoró de las palabras. Al crecer pasaba su tiempo libre cantando, pero pensaba que las canciones de sus clases de canto eran algo aburridas. «¿Por qué no puedo escribir mis propias canciones?», se preguntaba.

Tomó papel, una pluma y las palabras empezaron a fluir. Escribir le resultaba tan natural como respirar: había nacido para ello. Y comenzó a recitar sus poemas en el escenario. Mientras se preparaba para su primer *slam* de poesía a nivel municipal, sintió que la invadían los nervios. ¿De verdad podría compartir sus poemas con tanta gente? Llamó a su hermana gemela, Brianna, para que le diera ánimos. Sus palabras la ayudaron, por lo que se paró bajo los reflectores y salió victoriosa.

En poco tiempo, compartía sus poemas sobre la comunidad, la familia y la **justicia social** en todo el país. En un poema que aborda el cambio climático, escribió: «El bosque es una ciudad con fuego salvaje en lugar de venas y un constante torbellino de esmog». Su capacidad para pintar imágenes con palabras y su pasión por alzar la voz le valieron un nombramiento impresionante. En la primavera de 2021 la nombraron ganadora del Premio Nacional de Poesía Juvenil de Estados Unidos.

Al ser una orgullosa hija de **inmigrantes** vietnamitas, a menudo piensa en cómo la familia y la comunidad dan forma a su voz. Entusiasmada con su nuevo cargo, afirma: «Me subo a los hombros de mis antepasados y reconozco todos los sacrificios y la sabiduría que han conseguido para traerme aquí».

NACIÓ EL 11 DE NOVIEMBRE DE 2002

ESTADOS UNIDOS

CUANDO SIENTO QUE
ME CAIGO, TENGO
UNA HOJA DE PAPEL
PARA LEVANTARME.
ALEXANDRA HUYNH
ILUSTRACIÓN DE
JIAWEN CHEN

ALINA MORSE

CREADORA DE DULCES Y EMPRESARIA

Cierto día, mientras estaba sentada junto a su papá en el banco, un cajero le ofreció a la pequeña Alina de siete años una paleta. Le dio gusto recibir el regalo, pero su papá la detuvo antes de que pudiera saborearla, diciéndole que no podía comérsela porque el azúcar le dañaría los dientes. «¿Y por qué no podemos hacer una paleta saludable que le haga bien a mis dientes?». Esa pregunta tan espontánea la llevaría por un camino que nunca creyó posible.

La pequeña y su papá empezaron a experimentar formas de hacer un dulce saludable. Al principio, todos sus intentos fracasaban; con las manos pegajosas de caramelo y el cabello lleno de azúcar, hicieron puras locuras en la cocina. Luego ella les pidió a sus amigas que probaran la primera tanda de paletas, pero, por desgracia no sabían para nada ricas.

Sin embargo, no dejó que eso la detuviera. Su papá y ella consultaron a varios dentistas y probaron un montón de endulzantes saludables. Por fin, cuando cumplió nueve años, consiguieron la receta perfecta y fundaron su empresa. Su hermana menor propuso el nombre: Zolli Candy.

Ahora, a sus dieciséis años, Alina es la dueña y directora de una de las compañías de mayor crecimiento en el país. Zolli Candy fabrica paletas, gomitas, chiclosos, caramelo macizo y chocolates que pueden comprarse en tiendas de Estados Unidos. Sus aventuras en la creación de dulces y como emprendedora la han llevado a muchos lugares fabulosos, desde entrevistas en televisión hasta la Casa Blanca y mucho más allá. Es un trabajo de lo más dulce.

NACIÓ EL 8 DE MAYO DE 2005

ESTADOS UNIDOS

SOLO SOY UNA CHICA DE
MÍCHIGAN QUE TUVO UNA IDEA
Y DECIDIÓ LLEVARLA A CABO.
ALINA MORSE
ILUSTRACIÓN DE
EMMA ROSE
ENCOMIENDA ACOSTA

ALMA DEUTSCHER

MÚSICA Y COMPOSITORA

Había una vez una niña que escuchaba música por todas partes. Las melodías sonaban en sus oídos mientras soñaba recostada en su cama o cuando saltaba la cuerda en el patio. Aunque le gustaba pensar que la música provenía de compositores imaginarios que vivían en un lugar muy muy lejano y mágico, esta en realidad venía de su mente brillante.

Tenía cuatro años cuando comenzó a tocar sus canciones en el piano, y sus papás, que fueron su primer público, estaban impresionados: Alma estaba creando algo hermoso de la nada, como si escribiera un cuento de hadas. Le buscaron un profesor especial que creyera en sus dones, hasta que por fin encontraron a un compositor en Suiza. Por medio de sus computadoras, ambos tocarían juntos aunque estuvieran a kilómetros de distancia. Con el tiempo perfeccionó sus habilidades. Escribió música para piano, violín y orquestas enteras. Poco después, la gente abarrotaba las salas de conciertos para escuchar a la pequeña compositora de cabellos dorados tocando las melodías que le llegaban en sueños.

Escribió su primera ópera a los nueve años, que se basa en una adaptación propia de su historia favorita: Cenicienta. En su versión no había zapatilla de cristal; su protagonista era una compositora como ella, y el príncipe viajaba por todo el reino buscando a la chica que pudiera terminar la melodía que había escrito Cenicienta.

Los críticos decían que era la siguiente Mozart, pero a ella no le interesa ser la siguiente nada. «Creo que para mí es más interesante ser Alma», asegura. Después de todo, siempre ha escrito su propia historia.

NACIÓ EL 19 DE FEBRERO DE 2005

REINO UNIDO

ME HACE MUY FELIZ HABER NACIDO EN UNA ÉPOCA EN LA QUE A LAS NIÑAS NOS DEJAN DESARROLLAR NUESTROS TALENTOS.
ALMA DEUTSCHER

ILUSTRACIÓN DE
CAMELIA PHAM

AMBER YANG

CIENTÍFICA INFORMÁTICA Y EMPRESARIA

Mientras cientos de niños abarrotaban Disney World, la pequeña Amber visitaba el Centro Espacial Kennedy cada fin de semana. Le fascinaba la ciencia, en especial todo lo que estuviera fuera de este mundo: estrellas brillantes, planetas en órbita y naves espaciales que atravesaban el cielo.

Cuando estaba en preescolar se acercó a unos niños que tenían una nave espacial de juguete; quería jugar a ser astronauta, pero ellos le dijeron que eso no era para niñas. Por desgracia, esa no fue la única vez que le dijeron que no podía hacer algo por ser niña; cuando entró a un equipo de robótica en la secundaria, un compañero exclamó: «¿Por lo menos sabes qué estás haciendo? Mejor siéntate a ver».

Pero estaba decidida a demostrar que merecía un lugar en la ciencia. Ya en la preparatoria, mientras veía una película de astronautas, le impresionó la escena en que los desechos espaciales destruyen una nave. Los desechos espaciales, o «basura espacial», por lo general son pedazos de antiguos satélites o cualquier objeto que los humanos han dejado y que flotan en el cosmos. La sola idea de la contaminación espacial le causó pesadillas, así que empezó a explorar soluciones para deshacerse de ella.

Tras meses de investigación, Amber desarrolló un programa que rastrea ese tipo de objetos y cuando los detecta advierte a las naves sobre los desechos que se aproximan para que se alejen del peligro. Ahora ha convertido su proyecto en una compañía llamada Seer Tracking (algo así como Vidente Rastreador). Ya nadie volverá a decirle: «mejor siéntate a ver».

CIRCA 1999

ESTADOS UNIDOS

ILUSTRACIÓN DE
JANICE CHANG

MOTÍVALA, FOMENTA SUS AFICIONES Y CONVIÉRTETE EN ALGUIEN QUE IMPULSA A UNA NIÑA A DEDICARSE A LAS CIENCIAS Y LA TECNOLOGÍA.
AMBER YANG

AMELIA TELFORD

ACTIVISTA AMBIENTAL

Había una vez una niña **indígena** australiana llamada Amelia, quien luchaba por salvar la tierra que amaba. Provenía de un lugar especial localizado en la costa norte de Nueva Gales del Sur, el cual se conoce como el territorio Bundjalung.

Le fascinaban las maravillas naturales de su hogar, pues tenía altas cordilleras, selvas tropicales llenas de árboles frondosos y cascadas ocultas que podía explorar; además, a lo largo de la costa había playas cálidas y soleadas, perfectas para practicar surf y jugar todo el día.

Sin embargo, un día se dio cuenta de que las playas que antes eran cristalinas estaban cambiando debido a la erosión en la costa, que estaba siendo arrasada por el mar. A todos los habitantes les entristecía la pérdida de terreno, pero no todos sabían la importancia que tenía; por esta razón, Amelia sintió que debía hacer algo, así que se prometió encontrar la manera de proteger su preciosa tierra, al igual que a la gente y las tradiciones arraigadas a ella.

Con ese fin entró a una organización llamada AYCC (Coalición de Jóvenes Australianos por el Clima), en la que los jóvenes activistas se unían para proteger el medio ambiente. Después de participar en protestas y hacer voluntariado con ellos durante algún tiempo, decidió asumir un papel aún más importante.

En 2014 fundó Seed (Semilla), una organización dirigida por personas indígenas. Como directora nacional de Seed, Amelia coordina con orgullo a cientos de activistas indígenas de toda Australia; su misión es proteger la tierra, tal como se lo prometió, y crear un mejor futuro para todos.

CIRCA 1994

AUSTRALIA

TENEMOS QUE SER MÁS
DECIDIDOS AL APOYARNOS
UNOS A OTROS Y UNIRNOS.
AMELIA TELFORD
ILUSTRACIÓN DE
ÁNGELA ACEVEDO
PÉREZ

ANGÈLE

CANTAUTORA

Angèle nació en una familia de artistas, pues su papá era músico y su mamá actriz; sin embargo, aunque sus padres eran intérpretes famosos, a ella nunca le interesaron los reflectores. De niña, su actividad favorita era tocar el piano sola; empezó a los seis años y desde entonces sus dedos nunca se alejaron de las brillosas teclas de madera del piano. No había mucho que hacer en Linkebeek, la tranquila ciudad de Bélgica donde creció, pero eso no importaba: le bastaba con tocar el piano para ser feliz.

En cuanto dominó las obras de piano clásico, comenzó a escuchar distintos tipos de música. De inmediato se enamoró de las apasionadas letras de Ella Fitzgerald, la leyenda estadounidense conocida como la Reina del Jazz. La voz experimental de Ella, unas veces dulce, otras juguetona, áspera o romántica, la inspiró a cantar. En poco tiempo ya estaba escribiendo sus propias canciones.

Cuando tenía quince años, un amigo la convenció de subir a internet un video de ella cantando. Miles de personas le dieron *like*, así que decidió subir más. Empezó a jugar frente a la cámara: se picaba la nariz, se cubría el cabello con espagueti y cantaba canciones sobre su comida favorita; sus seguidores estaban encantados con su disparatada comedia musical.

Ahora es una de las estrellas de pop más grandes (y más jóvenes) de Europa. Aunque por lo general actúa frente a miles de personas, todavía canta para una sola: ella misma. «Siempre seré la chica de Linkebeek que escribe canciones sin pretensiones», declaró. «Aunque la vida cambie, eso no cambiará».

NACIÓ EL 3 DE DICIEMBRE DE 1995

BÉLGICA Y FRANCIA

QUIERO SEGUIR
SIENDO AUTÉNTICA
Y NO TRATAR DE
SER ALGUIEN QUE
NO SOY.
ANGÈLE
ILUSTRACIÓN DE
OLIVIA WALLER

ANGELIQUE AHLSTRÖM

INVENTORA Y ACTIVISTA AMBIENTAL

Había una vez una niña que quería ayudar a la naturaleza a respirar. ¿Y cómo podía lograrlo? ¡Con muchísimos árboles!

En la universidad, Angelique se dio cuenta de que los bosques que tanto adoraba estaban en peligro. Descubrió que uno de los principales responsables de la **deforestación** es la tala, pues las empresas de explotación forestal cortan montones de árboles para conseguir madera y papel.

También se enteró de que dichas compañías usan inteligencia artificial, potentes vehículos todoterreno e, incluso, camiones autónomos para poder adentrarse en las profundidades de los bosques y cortar muchos más árboles. Entonces se preguntó por qué la gente utilizaba aquella tecnología tan avanzada para lastimar el medio ambiente en vez de ayudarlo.

De este modo, se asoció con un par de amigos de la universidad y juntos fundaron una compañía llamada Flash Forest (Bosque Veloz). Su objetivo sería plantar árboles, pero con drones.

Una vez que los drones estuvieron en funcionamiento, Angelique y los otros fundadores de Flash Forest diseñaron un paquete especial de nutrientes lleno de la «salsa secreta» con la que alimentarían los brotes plantados. Tuvieron cuidado de sembrar árboles compatibles con las especies locales y de varios tipos para fomentar la biodiversidad. Con el método de Flash Forest se pudieron sembrar árboles diez veces más rápido que haciéndolo de forma manual.

Sus drones pueden plantar miles de árboles al día, pero el objetivo es sembrar muchos más. Angelique cree que pueden sembrar mil millones.

NACIÓ EL 14 DE AGOSTO DE 1991

CANADÁ

ILUSTRACIÓN DE
CATHY HOGAN
NUESTRA MOTIVACIÓN ES
TENER UN IMPACTO TANGIBLE
SOBRE EL CAMBIO CLIMÁTICO
Y SOBRE TODAS LAS ESPECIES
DURANTE NUESTRA VIDA.
ANGELIQUE AHLSTRÖM

BELLA GANTT

ARQUERA Y CONTORSIONISTA

Había una vez una niña cuyos dedos de los pies besaban el cielo. Bella siempre se había atrevido a ser diferente. Creció en Pittsburgh, Pensilvania, donde entrenó para ser contorsionista. Cada vez que se paraba de manos o daba una voltereta, sus elásticos rizos rojos giraban con ella. La gente le había dicho que se parecía a la princesa Mérida de la película *Valiente*, así que preparó un acto inspirado en ese personaje, pero en lugar de disparar el arco con las manos, lo hizo con los pies.

A los nueve años la invitaron a un programa al que asistían jóvenes con talentos extraordinarios. Vestida con un leotardo color verde menta con brillosas plumas rojas, se paró de manos en el escenario, rodeó la cola de la flecha con los dedos de los pies y la dejó volar. ¡Justo en el blanco! Le emocionaba mostrar su talento, pero a pesar de que mucha gente alababa sus habilidades, otros la molestaban por su aspecto: hacían comentarios desagradables sobre sus dientes o sobre su brillante cabellera.

En lugar de permitir que estas crueles críticas le afectaran, se enfocó en sus siguientes metas. Aspiraba a unirse a un circo famoso algún día, así que desarrolló nuevos trucos, como disparar flechas parada de manos sobre una patineta en movimiento; también aprendió a disparar a más de siete metros de distancia. Con este truco está a punto de batir un récord mundial.

A los niños y las niñas que son víctimas de acoso, les recomienda: «Mantén la cabeza en alto y concéntrate en lo que es importante para ti».

NACIÓ EL 6 DE MARZO DE 2006

ESTADOS UNIDOS

ILUSTRACIÓN DE
MIA JOELY TUÑON

TODO ES POSIBLE. NUNCA PIERDAS LA DEDICACIÓN Y LA PASIÓN.
BELLA GANTT

BENEDETTA PILATO

NADADORA

Desde que era pequeña, Benedetta se sentía como pez en el agua cuando nadaba. Impulsaba su cuerpo para ir cada vez más rápido de un extremo al otro de la piscina y, en poco tiempo, ya participaba en las principales competencias de nado de todo el mundo. Una de las más importantes fue el Campeonato Europeo de Natación.

Para iniciar la prueba se agachó sobre su bloque de salida; su corazón latía con fuerza. Unas horas antes había roto el récord mundial juvenil de los cincuenta metros de nado de pecho, así que todos en la competencia hablaban de la nadadora de dieciséis años que venía del sur de Italia. Con todo, ella sabía que podía ir más rápido: si le bajaba tan solo una décima de segundo a su marca rompería el récord de Europa.

Cuando sonó la señal, salió disparada hacia la piscina; sus brazadas eran tan potentes que se deslizaba por el agua como un delfín. De inmediato los espectadores se dieron cuenta de que estaba sucediendo algo increíble. Ella se puso rápidamente al frente del grupo, sus brillosas uñas color caramelo entraban y salían del agua.

Al llegar a la recta final, extendió el brazo para tocar el extremo de la piscina y entonces todo el público estalló en aplausos. Miró a su alrededor asombrada, se tapó la boca emocionada y luego soltó una carcajada, pues el tablero marcaba 29.30 segundos: no solo acababa de romper el récord de Europa, sino que había roto el récord mundial.

NACIÓ EL 18 DE ENERO DE 2005

ITALIA

TODAVÍA ME CUESTA
ASIMILAR QUE ROMPÍ
EL RÉCORD MUNDIAL.
BENEDETTA PILATO
ILUSTRACIÓN DE
LUCY NIGHTINGALE

BETELHEM DESSIE

EMPRESARIA DE EDUCACIÓN EN TECNOLOGÍA

Había una vez una niña impulsada por la curiosidad. Su papá vendía aparatos electrónicos en su ciudad natal, Harar, en Etiopía. A menudo Betelhem veía un objeto y se preguntaba: «¿Cómo funciona esto?». Para responder a esa pregunta, desarmaba las cosas y luego se lanzaba a la emocionante aventura de averiguar cómo volver a armarlas.

En su noveno cumpleaños le pidió dinero a su papá para organizar una fiesta inolvidable. Cuando él le dijo que no tenía, decidió poner a trabajar a su mente curiosa y utilizar su habilidad para resolver problemas.

Empezó a hacer pequeños trabajos técnicos después de clases, como editar videos o instalar software en teléfonos celulares. Con esto no solo consiguió suficiente dinero para celebrar su cumpleaños, también descubrió la programación: una forma de comunicarse con las computadoras que a ella le pareció mágica. Podía hacer todo tipo de cosas, como crear juegos y sitios web; sin embargo, lo que más le gustaba de la programación era enseñarles a los demás cómo se hace.

Aún era una adolescente cuando instauró el primer laboratorio de inteligencia artificial y robótica en Etiopía. Betelhem y su equipo enseñan a niños y niñas los fundamentos de la programación y la robótica durante programas extraescolares y campamentos de verano. Su deseo es que la próxima generación de alumnos etíopes estudie tecnología y aprenda cómo su propia curiosidad puede cambiar el mundo.

NACIÓ EL 21 DE ABRIL DE 1999

ETIOPÍA

LO QUE ME MOTIVA ES VER CÓMO CAMBIA LA VIDA DE LA GENTE.
BETELHEM DESSIE

ILUSTRACIÓN DE MIA SAINE

BETHANY HAMILTON

SURFISTA

Bethany Hamilton nació para surfear. Como creció en Hawái, pasaba todos los días cazando olas color turquesa bajo el sol. Desde la primera vez que se subió a una tabla, flotó sobre las olas con una velocidad y una gracia impresionantes; era como si el agua y ella fueran una sola.

Ganó su primera competencia de surf a los ocho años y al poco tiempo ya vencía a surfistas mucho mayores que ella, y quedó claro que estaba destinada a la grandeza. Sin embargo, primero tendría que enfrentar un reto inimaginable.

Un despejado día de octubre, cuando tenía trece años, salió a surfear con sus amigos. El sol brillaba en lo alto y el agua estaba en calma como pocas veces; no tenía ni idea de la catástrofe que estaba a punto de ocurrir. De la nada apareció un tiburón de cuatro metros de largo y le mordió el brazo izquierdo, pero sucedió tan rápido que no tuvo tiempo de asustarse ni de sentir dolor. Sus amigos la ayudaron a regresar a la orilla y la trasladaron de inmediato al hospital.

Como no podía estar lejos del agua, volvió a subirse a su tabla tras un mes de recuperación, y al cabo de un año ya estaba compitiendo de nuevo. «Ser valiente no significa que no tengas miedo», explica. «Ser valiente significa no dejar que el miedo te detenga».

Bethany tuvo que adaptarse a surfear con un solo brazo, pero con mucho entrenamiento regresó a la playa y volvió a montar todo tipo de olas. Su inquebrantable concentración y positividad la mantienen en la cima de su carrera como surfista profesional. Nada puede impedir que monte su próxima ola.

NACIÓ EL 8 DE FEBRERO DE 1990

ESTADOS UNIDOS

ILUSTRACIÓN DE
SARAH MAXWELL
NO NECESITO QUE
SEA FÁCIL, SOLO
QUE SEA POSIBLE.
BETHANY HAMILTON

BILLIE EILISH

CANTAUTORA

Cuando Billie era niña, había una regla implícita en su casa: podías acostarte tan tarde como quisieras siempre que estuvieras tocando música. Ella y su hermano mayor, Finneas, se quedaban en la recámara de él garabateando letras de canciones o componiendo melodías en alguno de los tres pianos de su hogar. Billie solo vivía para la música. De pequeña cantaba en concursos de talentos e idolatraba a las estrellas del pop; vivía y respiraba música. Aun así, la familia se sorprendió cuando una de las canciones de los hermanos, «*Ocean Eyes*», se hizo viral de la noche a la mañana.

De repente estaba en salas de juntas frente a adultos aduladores que querían escribir y producir música para que la interpretara, pero ella quería crear un disco a su manera. «Nadie me escuchaba, solo porque tenía catorce años y era mujer», se quejó. Abandonó esas reuniones y se puso a trabajar para hacer su primer disco tal como quería: con su hermano mayor en su casa de Los Ángeles.

En la semana en que se estrenó el disco, catorce de sus canciones estaban en el Top 100: un récord para una artista mujer. Comenzó a hacer giras en las que se agotaban las entradas, y a compartir canciones sobre el desamor y la esperanza ante espectadores de todo el mundo.

También decidió expresarse a través de su estilo. Se tiñó el pelo de verde brillante y se puso ropa holgada con la que se sentía cómoda. Siempre que conoce a jóvenes fans les recomienda que sean amables consigo mismas, pues sabe lo difícil que es ser adolescente y quiere que sus fans sepan que no están solas.

NACIÓ EL 18 DE DICIEMBRE DE 2001

ESTADOS UNIDOS

TAL VEZ NADIE EN EL PLANETA CREA EN TI, PERO MIENTRAS TÚ LO HAGAS ESTARÁS BIEN.
BILLIE EILISH
ILUSTRACIÓN DE PAULA ZORITE

BINDI IRWIN

ECOLOGISTA

Había una vez una niña llamada Bindi, que vivía en el zoológico y compartía su hogar con koalas adorables, aves cantoras y serpientes escurridizas. Su papá era un ecologista famoso experto en cocodrilos; de hecho, ella lleva el nombre del cocodrilo favorito de su padre.

Le encantaba cuidar animales grandes y pequeños con su familia. Una de sus partes favoritas del zoológico era el Paraíso de los Canguros, un espacio en el que grupos de canguros juguetones brincaban a sus anchas sobre la suave hierba, exhibiéndose ante los visitantes.

Sin embargo, su vida no siempre fue feliz, pues su padre falleció cuando ella tenía ocho años. Tomó la valiente decisión de hablar en su funeral, frente a cinco mil fans y trescientos millones de televidentes: «Quiero ayudar a las especies en peligro, igual que él».

Y eso hizo. A los nueve años lanzó su programa de televisión: *Las aventuras de Bindi*. A través de la música y el baile les enseñó a los espectadores sobre la vida silvestre y cómo protegerla.

En la actualidad se dedica al Hospital para Fauna Silvestre del Zoológico de Australia. Ella y su equipo atienden todo tipo de animales, como Ivy, una paloma frutera de color verde brillante que necesitaba ayuda cuando perdió a sus padres. «Todos los días me siento orgullosa de formar parte de algo mucho más grande que yo», señala.

Ahora Bindi tiene su propia familia y comparte el valor de preservar el medio ambiente con ella y con sus fans. Después de todo este tiempo, la niña que creció en el zoológico sigue siendo una Guerrera de la Vida Salvaje.

NACIÓ EL 24 DE JULIO DE 1998

AUSTRALIA

DECIDÍ DEDICARME
A PROTEGER LA VIDA
SILVESTRE PARA MEJORAR
UN POCO EL MUNDO.
BINDI IRWIN
ILUSTRACIÓN DE
ANNALISA VENTURA

BONNIE CHIU

EMPRENDEDORA SOCIAL

Había una vez una niña que veía el mundo desde una lente distinta. Mientras sus padres trabajaban, Bonnie creció en Hong Kong con su abuela, una mujer que había huido de Indonesia como **refugiada** y nunca tuvo la oportunidad de aprender a leer.

Más tarde se dio cuenta de que había muchas mujeres como su abuela, que crecieron sin poder estudiar, y que dos terceras partes de las personas que no saben leer ni escribir en el mundo son mujeres. Entonces se preguntó si podría ayudar a que sus voces se escucharan de otra manera. «Las imágenes no tienen barreras de lenguaje», pensó. Así fue como se le ocurrió la solución perfecta: la fotografía.

Como **emprendedora social**, fundó un proyecto llamado Lensational (que mezcla las palabras «lente» y «sensacional» en inglés) para que mujeres y niñas se atrevan a contar historias con imágenes. Bonnie y sus voluntarios imparten clases de fotografía para mujeres de países en vías de desarrollo, como Pakistán, Bangladesh, Filipinas e Indonesia, de donde proviene su abuela. Las mujeres de este programa registran escenas de sus vidas, como la de un conjunto de coloridas sombrillas en una manifestación de Hong Kong o la silueta de un poni en una playa de Bangladesh. Cuando se venden las fotos, cincuenta por ciento de los ingresos regresa a las mujeres. A la fecha, Lensational ha logrado sumar a más de mil mujeres en veinticinco países.

Su próxima misión es animar a otras organizaciones a enfocarse más en la gente a la que ayudan que en las ganancias. Es una meta ambiciosa, pero está dispuesta a hacer su mejor intento.

NACIÓ EL 3 DE NOVIEMBRE DE 1992

HONG KONG Y REINO UNIDO

LA IMAGEN QUE
SE REFLEJA EN
SUS OJOS ES
LA PIEZA QUE
FALTA.
BONNIE CHIU
ILUSTRACIÓN DE
JIAQI WANG

CASSIDY CROWLEY

INVENTORA Y EMPRESARIA

Cuando Cassidy Crowley se preparaba para participar en una feria local de ciencias, encontró una fuente de inspiración poco común: su hermanita Emily. Tan observadora como era, notó la cara de preocupación de su mamá cuando Emily intentaba comer sola. Era importante que la bebé aprendiera a usar la cuchara, pero ¿y si se cortaba las encías con el plástico duro? ¿Y si se lastimaba la garganta? «Tiene que haber un mejor diseño para las cucharas de bebé», pensó. Y le tocaba a ella inventarlo.

Puso manos a la obra y creó la Baby Toon (o Chucharita). Hecha de silicón suave, esta cuchara era de fácil agarre para los bebés, y lo mejor era que tenía la forma de un adorable elefante. A la trompa del animal le cabía poca comida, por lo que era imposible que se atragantaran; además, su forma cuadrada evitaba que llegara hasta la garganta. Cuando la presentó en la feria de ciencias de su escuela, todos estuvieron de acuerdo en que su idea tenía futuro.

Después de tres años de perfeccionar su diseño, lo llevó a un programa de televisión para emprendedores, y ella y su mamá presentaron el producto con grandes sonrisas y hasta un bailecito. Cassidy se emocionó cuando un inversionista le garantizó cincuenta mil dólares de financiamiento para fabricar miles de cucharas. Para cuando Baby Toon se volvió una empresa real, la hermanita de Cassidy ya había crecido lo suficiente como para comer con cubiertos normales, pero no importaba, pues Emily se sentía orgullosa de usar la cuchara que su hermana mayor había inventado para ella.

NACIÓ EL 26 DE NOVIEMBRE DE 2008

ESTADOS UNIDOS

APRENDÍ QUE HAY QUE INTENTARLO, PORQUE SI NO LO HACES, NUNCA SABRÁS QUÉ HABRÍA PASADO SI LO HUBIERAS HECHO.
CASSIDY CROWLEY
ILUSTRACIÓN DE IZZY EVANS

CELESTINE WENARDY

INVENTORA Y CIENTÍFICA

Durante su segundo año de preparatoria, mientras Celestine pasaba el tiempo como aprendiz observando a los médicos de su hospital local en Indonesia, notó algo tan interesante como triste: muchos pacientes presentaban problemas que podían prevenirse y muchos se derivaban de enfermedades como la diabetes. Estas personas deben revisar con frecuencia la cantidad de azúcar que tienen en la sangre para asegurarse que no sean elevados.

Aprendió que, debido a su religión y por otras razones, muchos indonesios no permiten que se les extraiga sangre, que es como se controla dicha enfermedad. «¿Por qué no hay un dispositivo para la diabetes que no requiera agujas?», se preguntó. Así que decidió inventar uno.

Celestine probó todo tipo de métodos para realizar este chequeo sin usar agujas; como no tenía un laboratorio profesional, pidió prestado a la escuela lo que necesitaba. «Hubo momentos en que quería rendirme, descartar la idea y empezar de nuevo», admite. Pero siguió intentando y cada vez que una idea fallaba, aprendía de ella y regresaba a la mesa de dibujo.

Al cabo de seis meses tenía un **prototipo** funcional. En lugar de extraer sangre con una aguja, este dispositivo usaba luz y calor para determinar los niveles de azúcar. La joven científica presentó su invento en la Feria de Ciencias Google y se llevó un premio; si bien solo se había propuesto ayudar a su comunidad, la beca de quince mil dólares que ganó fue la cereza del pastel.

NACIÓ EN ABRIL DE 2003

INDONESIA

ILUSTRACIÓN DE
KIRAN JOAN
MIENTRAS CRECÍA, LA
GENTE QUE ME RODEABA,
MI COMUNIDAD, MOLDEÓ
EN GRAN MEDIDA LA
PERSONA QUE SOY AHORA.
CELESTINE WENARDY

DASIA TAYLOR

INVENTORA Y CIENTÍFICA

Dasia estaba en clases un día cuando su profesora de química preguntó quién quería trabajar en un proyecto para la feria de ciencias, ella levantó la mano.

Se inspiró en un artículo que había leído acerca de «suturas con hilo inteligente» que detectaban si una herida estaba infectada después de una cirugía; el único problema era que dichos hilos requerían tecnología especial que los hacía muy costosos. Así pues, decidió que intentaría crear su propia versión de suturas inteligentes de bajo costo.

Se puso a trabajar en el laboratorio de ciencias de la escuela, pero el proceso no fue sencillo: se le rompieron los vasos de precipitado, se equivocó en las anotaciones de la investigación y pasó sus horas de recreo recabando datos. No obstante, luego de un tiempo hizo un descubrimiento increíble: los betabeles cambian de color cuando llegan a cierto nivel de acidez, lo cual significaba que cambiarían de color si entraban en contacto con una herida infectada. Después de experimentar con diversos materiales, creó un hilo que absorbía el jugo de betabel. Probó sus nuevos hilos usando un ácido que imitaba una herida infectada y, al cabo de cinco minutos, cambiaron de rojo brillante a púrpura. ¡Había desarrollado el material necesario para obtener suturas baratas que detectan infecciones!

En la feria de ciencias, Dasia fue la única estudiante afroamericana que presentó un invento. Se sintió algo cohibida, pero no dejó que los nervios le afectaran. ¡Y se ganó el primer lugar!

NACIÓ EL 2 DE AGOSTO DE 2003

ESTADOS UNIDOS

ILUSTRACIÓN DE
KELSEE THOMAS
ENCUENTRA UN
MENTOR, PRUEBA,
CORRE RIESGOS
Y SIGUE SIENDO
CURIOSA.
DASIA TAYLOR

DEWMINI

JARDINERA

Había una vez una niña que soñaba con cultivar un jardín mágico lleno de mangos, flores de colores y un caudaloso arroyo con peces cantarines. Soñar con este paraíso le daba fuerzas para enfrentarse a los problemas de su vida cotidiana.

Dewmini nació en una zona pobre de Sri Lanka, donde las sequías hacían la vida muy difícil; algunos días no había agua para beber y se iba a la escuela sin desayunar. Un día, su papá decidió que su única opción era enviarla a una casa de gente rica de la ciudad para que trabajara como sirvienta, pero ella no quiso ir. Estaba decidida a quedarse con su familia para ayudarlos a superar la pobreza.

En la escuela aprendió sobre agricultura y decidió cultivar un huerto. Empezó sembrando berenjenas, luego agregó limones, después nueces de betel y quimbombó. Sus papás y sus profesores estaban sorprendidos: su huerto crecía con rapidez.

En poco tiempo, Dewmini y su papá comenzaron a vender sus verduras a la gente del pueblo, y ella sorprendió a todos, incluso a sí misma, cuando ganó el tercer lugar en una competencia por tener el huerto más abundante de todo el distrito. «Fue el día más feliz de mi vida», comentó sonriente. «Estoy muy satisfecha de haber logrado algo así tan joven».

Aún tiene grandes sueños para el futuro. Después de terminar la universidad, planea ayudar a su ciudad a crecer todavía más, para que haya mercados bulliciosos, clases para agricultores y muchísimos empleos. «Habrá un montón de comida y agua potable, y muchos árboles que cobijarán a todos con su sombra».

NACIÓ EN 2008

SRI LANKA

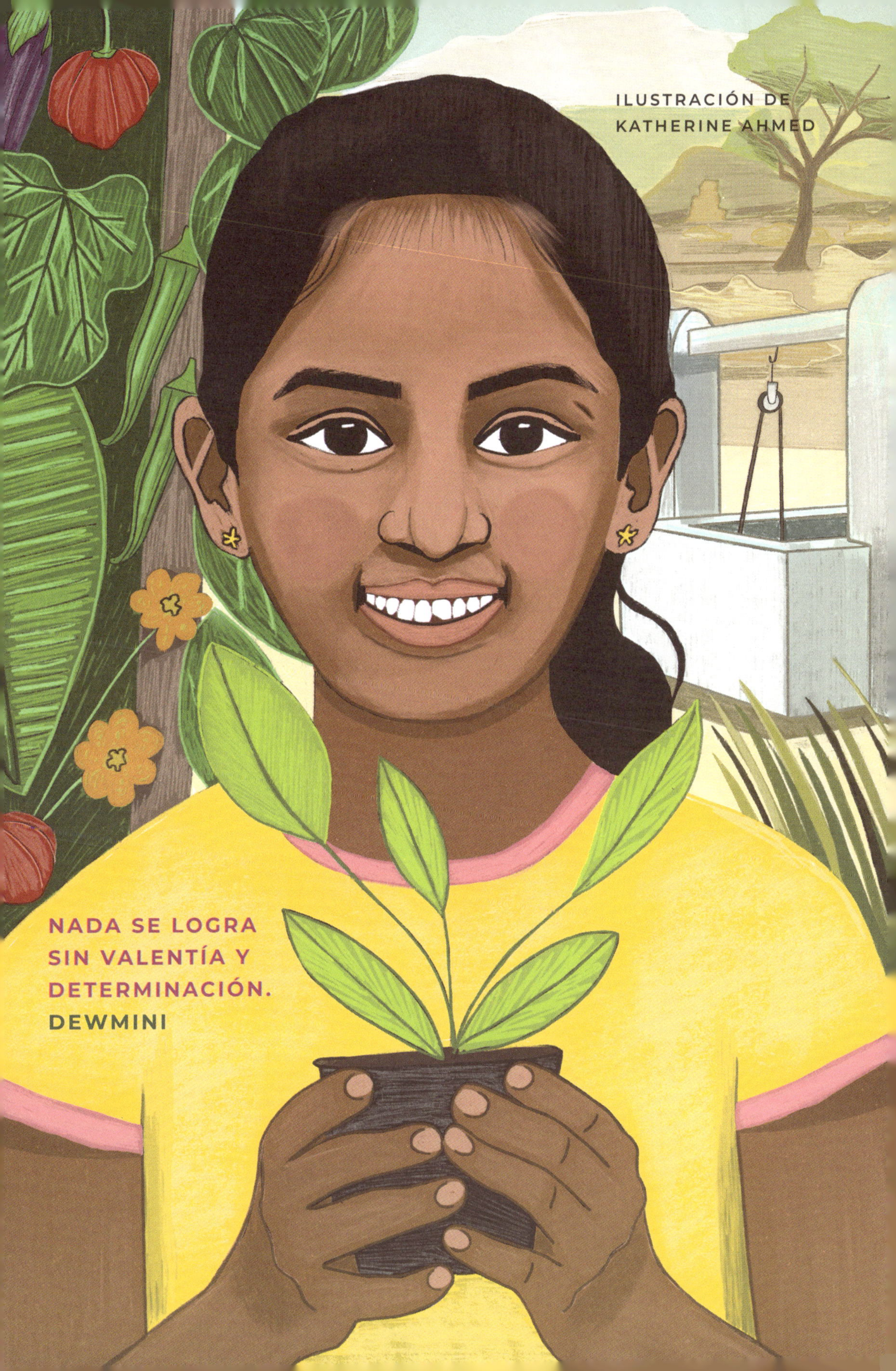
ILUSTRACIÓN DE
KATHERINE AHMED
NADA SE LOGRA
SIN VALENTÍA Y
DETERMINACIÓN.
DEWMINI

DEYNA CASTELLANOS

FUTBOLISTA

Érase una vez, en un pequeño pueblo de Venezuela, una niña que se encontraba atrapada en la línea de banda. Se llamaba Deyna y le encantaba el futbol; el problema era que la gente no dejaba de decirle que solo los niños lo podían jugar.

Un día acompañó a su hermano a su entrenamiento. Mientras él anotaba goles, corría por el pasto, jugaba y reía con sus amigos, ella se quedaba a un lado de la cancha. «¡Qué injusto!», pensaba.

Entonces Deyna detuvo un balón que salió disparado hacia ella. Al ver a los chicos en la cancha de futbol se le ocurrió una idea: levantó el balón con el pie y lo equilibró sobre su zapato, lo pateó y lo hizo rebotar en su cabeza; luego lo pasó entre sus pies, disfrutando de la fuerza de su zancada. Para ella era tan natural como respirar.

Su plan funcionó: el entrenador notó su talento y animó a sus papás para que la inscribieran. Desde ese momento no paró de entrenar, y poco después corría tan rápido como un jaguar, remataba con fuerza y anotaba un gol tras otro. Le encantaba ver el balón trazar un arco en el cielo como un arcoíris y entrar en la red con un suave zumbido. Para ella, esa era la mejor sensación del mundo.

Deyna llevó su talento a estadios más grandes. Ha participado en los Juegos Olímpicos de la Juventud y en la Copa Mundial, además de ser finalista del premio de la FIFA a la mejor jugadora del mundo, y todo gracias a que tuvo el valor de salir de la línea de banda para ponerse en primer plano.

NACIÓ EL 18 DE ABRIL DE 1999

VENEZUELA

ILUSTRACIÓN DE
SOL COTTI
LO QUE ME MOTIVA ES LA
META DE SER LA MEJOR
JUGADORA DEL MUNDO.
DEYNA CASTELLANOS

DJ SWITCH GHANA

DJ

En la costa occidental de África, en el país de Ghana, vivía una niña cuyo superpoder era hacer feliz a la gente. Se llamaba Erica, pero en el escenario, para hacer girar los discos, bailar, rapear y cantar, usaba un nombre especial. «Decidí llamarme DJ Switch porque yo le subía el *switch* al humor de la gente. Si estás triste, yo te pongo contento», explicaba con una gran sonrisa.

En la escuela tocaba los tambores riéndose y moviéndose bajo el sol al ritmo de la música junto a sus amigos. Una vez dentro de su salón se refrescaba, estudiaba con sus compañeros y levantaba la mano cuando sabía las respuestas. Su sueño es convertirse en **ginecóloga** para ayudar a las mujeres de su región; mientras eso sucede, disfruta cambiando el ritmo como DJ Switch Ghana.

Desde que emprendió su misión musical, se ha presentado en algunos escenarios increíbles y millones de personas la han visto demostrar sus habilidades en línea. En 2018 se convirtió en la DJ más joven en ganar la principal competencia de Ghana.

Además escribe sus propias canciones y hace videos musicales que fascinan a sus fans. En su canción «*Deceiver*» sale bailando con su mamá. En «*Success*» lleva la fiesta a las calles y las playas de su ciudad natal. Erica ha aprendido mucho durante su trayectoria y tiene algunos consejos para potenciar la DJ que llevas dentro: practica, ama la música, entusiásmate con ella, tómala en serio y ten una actitud positiva. Siguiendo sus sabias palabras, cualquiera puede animar la fiesta.

NACIÓ EL 12 DE DICIEMBRE DE 2007

GHANA

OLVIDA TODOS TUS PROBLEMAS Y VÁMONOS DE FIESTA.
DJ SWITCH GHANA

ILUSTRACIÓN DE KAMO FRANK

EARYN MCGEE

DIVULGADORA DE LA CIENCIA

Había una vez una joven de corazón cálido a la que le fascinaban las criaturas de sangre fría. A Earyn le encantaban todos los animales desde niña, en especial los reptiles. Un día emprendió una búsqueda en las rocosas montañas Chiricahua de Arizona; alguna vez había encontrado una especie conocida como lagartija espinosa de Yarrow y quería reencontrarse con ella.

Cuando por fin la encontró, la lagartija huyó con rapidez. Earyn saltó sobre troncos y piedras para alcanzarla. A la lagartija no le bastó su excelente capacidad de camuflarse para engañar a la ingeniosa chica que le había pintado una franja anaranjada en la espalda la primera vez que la vio. De pronto ahí estaba: la pequeña exploradora reconoció a su vieja amiga al ver el destello naranja en un árbol.

Más tarde publicó una fotografía del animal escondiéndose. Para su sorpresa, el camuflaje dejó perpleja a la gente, incluso con la marca anaranjada. Ver que sus seguidores disfrutaban buscándola le dio una idea brillante: un reto en redes sociales titulado #FindThatLizard (Encuentra A La Lagartija).

Ahora, todos los miércoles por la noche, publica una foto para ver quién encuentra a las criaturas escondidas. Una vez que la gente las localiza, ella comparte detalles divertidos sobre la especie.

Como una exitosa herpetóloga (quien se dedica a estudiar reptiles y anfibios), Earyn espera «abrir el camino para que los afroamericanos, los **indígenas** y otras personas tengan acceso al estudio de los recursos naturales». Y lo va haciendo lagartija por lagartija.

NACIÓ EN SEPTIEMBRE DE 1994

ESTADOS UNIDOS

ILUSTRACIÓN DE
SHIANE SALABIE
LAS PERSONAS BUENAS
QUE HACEN COSAS BUENAS
PUEDEN LOGRAR QUE EL
MUNDO SEA MEJOR PARA
TODOS.
EARYN MCGEE

EILEEN GU

ESQUIADORA

De niña, a Eileen le encantaba pasar los veranos en China con la familia de su mamá, pero había algo que la desconcertaba en sus viajes a Pekín: muy pocos de sus amigos de allí practicaban deportes.

Cansada de ser la única chica en el equipo de basquetbol, invitó a un par de amigas de su clase de matemáticas a que lo intentaran; la siguiente semana invitó a unas cuantas más. Para el final del verano había logrado que todas las chicas del salón entraran al equipo.

Claro que el basquetbol no era el único deporte que practicaba; con el tiempo el esquí acrobático se convirtió en su centro de atención. En esta disciplina los esquiadores se lanzan por los aires haciendo giros, piruetas y saltos, mientras que los jueces los califican según la altura, el nivel de dificultad y la originalidad de su salto.

A los quince años ya competía como profesional y poco después tuvo la oportunidad de representar a China en sus primeros X Games. Estaba emocionada, pues si ganaba, miles de niñas en China la verían por televisión y descubrirían las maravillas del esquí acrobático.

Arrasó en la competencia: ganó la medalla de oro en *superpipe* y la de bronce en una prueba conocida como *big air*; solo le faltaba el *slopestyle*, su especialidad. Inició el descenso de espaldas y luego hizo una serie de trucos de alto vuelo. Al final Eileen se detuvo con una amplia sonrisa: sabía que nadie podría superar su puntuación.

La vida de Eileen cambió en ese momento y estaba segura de que también acababa de cambiar las vidas de las niñas chinas en todos lados. Les había dado una esquiadora a quién admirar.

NACIÓ EL 3 DE SEPTIEMBRE DE 2003

CHINA

QUIERO INSPIRAR A MÁS PERSONAS PARA QUE PRACTIQUEN ESQUÍ EN CHINA, PORQUE A MÍ ME HA DADO MUCHO MÁS QUE MEDALLAS. ESQUIAR ME DA MUCHA CONFIANZA AL VER TODO LO QUE MI CUERPO ES CAPAZ DE HACER.
EILEEN GU
ILUSTRACIÓN DE
MARU SALEM-VARGAS

EMMA RADUCANU

TENISTA

Cuando Emma se dispuso a jugar su primer partido en el Abierto de Estados Unidos de 2021, ya había reservado su vuelo de regreso a casa. Se presentaba a esta competencia de tenis (una de las más prestigiosas del mundo) como una atleta joven y desconocida; además, tendría que superar tres rondas de clasificación para llegar a la competencia principal. Tenía solo dieciocho años y ocupaba el puesto ciento cincuenta del mundo, mientras que estaba a punto de competir contra jugadoras importantes a las que había admirado durante años. «¿Siquiera tengo alguna posibilidad?», se preguntaba.

Y resultó que sí. Superó nueve partidos como si nada y entró a la final tras las rondas de clasificación. Ahí estaba ella, en el Estadio Arthur Ashe, el recinto de tenis más grande del mundo. Casi veinticuatro mil personas en vivo y muchas más desde sus casas estaban a punto de ver a Emma y a su compañera adolescente, Leylah Fernández, competir por el campeonato.

El juego abrió con un potente saque de Emma, y el mundo contuvo la respiración mientras las dos genios del tenis se enfrentaban en el partido más importante de su vida. La pelota atravesó la pista a la velocidad del rayo, de Emma a Leylah y de regreso. Leylah aprovechaba que era zurda y tenía un potente ataque, pero Emma era rápida y su poderosa derecha era extremadamente precisa. Fue un combate difícil, pero Emma se impuso y ganó su décimo partido consecutivo, junto con el título de campeona. El público celebró el triunfo, y ella no podía dejar de sonreír. Acababa de hacer historia.

NACIÓ EL 13 DE NOVIEMBRE DE 2002

CANADÁ Y REINO UNIDO

ILUSTRACIÓN DE
JOANNE DERTILI
TENER QUE SER
ATREVIDA E
INTRÉPIDA EN
LA CANCHA,
AL IGUAL QUE
LUCHAR, ME HA
DADO MUCHA
FUERZA INTERNA.
EMMA RADUCANU

ERÉNDIRA YARETZI MORALES FLORES

ARPISTA

Eréndira recuerda que durante su infancia en México su madre la llevaba a los fandangos, donde bailarinas de vestidos brillantes y coloridos se movían al ritmo de la guitarra y las castañuelas. La pequeña sabía que algún día tocaría música también y a los seis años descubrió su instrumento: el arpa. Desde un inicio le atrajo su sonido dulce y las emociones que provocaba en la gente.

Empezó a asistir a una escuela especial de educación artística donde podía estudiar arpa y danza, sin importar que todos los días tuviera que recorrer cerca de treinta kilómetros para llegar. Disfrutaba la escuela, aunque los niños de su salón no eran muy amables. «Me molestaban mucho porque ¿quién toca el arpa o quién escucha a Mozart?», explica. Pero los ignoraba. Todas las noches regresaba a su casa a tocar su amado instrumento.

Cierto día su profesor le dijo que ya era tiempo de entrar a concursos de música. Algunos, como el concurso internacional Golden Classical Music Awards, recibían intérpretes de muchísimos países. No sabía si podría competir contra todos esos músicos tan talentosos, pero decidió que estaría contenta con solo ganar el tercer lugar en tan importante certamen. Sin embargo, no consiguió el tercer lugar, ¡ganó el primero!, y la invitaron a la ciudad de Nueva York para tocar en el famoso Carnegie Hall.

Sus dedos expertos bailaron por las cuerdas del arpa. Tocó «*Au Matin*», de Marcel Tournier, una melodía dulce y alegre. Eréndira deleitó a la audiencia en uno de los escenarios más icónicos del mundo a los trece años.

CIRCA 2007

MÉXICO

TOCO PORQUE ME GUSTA. LA VERDAD NO PIENSO MUCHO EN EL RECONOCIMIENTO DE LOS DEMÁS.
ERÉNDIRA YARETZI MORALES FLORES
ILUSTRACIÓN DE NATALIA AGATTE

ESTHER OKADE

MATEMÁTICA

Había una vez una niña británica, hija de padres nigerianos, que se llamaba Esther y que se convirtió en una de las universitarias más jóvenes de Reino Unido. Sin embargo, el camino no fue fácil.

Empezó la escuela a los tres años, pero no le gustó. «Ni siquiera me dejan hablar», se quejaba. Su mamá decidió enseñarle en casa y, así, empezó a irle muy bien, sobre todo en matemáticas. A través del cálculo, el álgebra y toda clase de ecuaciones complejas, podía desentrañar los secretos del universo. «Todos esos números y las respuestas son como un misterio», decía.

Pero también era una niña. Jugaba a ser la princesa Elsa con un vestido azul cielo. En el parque se columpiaba lo más alto que podía, y los fines de semana vestía a sus muñecas para salir a comer. No obstante, lo que más quería era ir a la universidad. A los siete años se sentía lista, pero su mamá la hizo esperar tres años más. Aunque empezó a los diez, no era nada del otro mundo para esta niña brillante. «Es muy fácil», comentó encogiéndose de hombros.

Después creó una serie de libros de texto titulada *Yummy Yummy Algebra* (¡Qué deliciosa es el álgebra!) para enseñarles a los niños que las matemáticas podían ser divertidas. Planea graduarse en dos años y luego estudiar el doctorado. Y al final, a la edad en que la mayoría sale de la preparatoria, ella piensa abrir un banco; concluye que es la forma perfecta de combinar sus dos cosas favoritas: matemáticas y ayudar a las personas. Ningún sueño es demasiado grande para una niña que tiene un plan... o un lápiz y una ecuación por resolver.

CIRCA 2005

REINO UNIDO

QUIERO ENSEÑARLES A TODOS LOS NIÑOS QUE SON ESPECIALES.

ESTHER OKADE

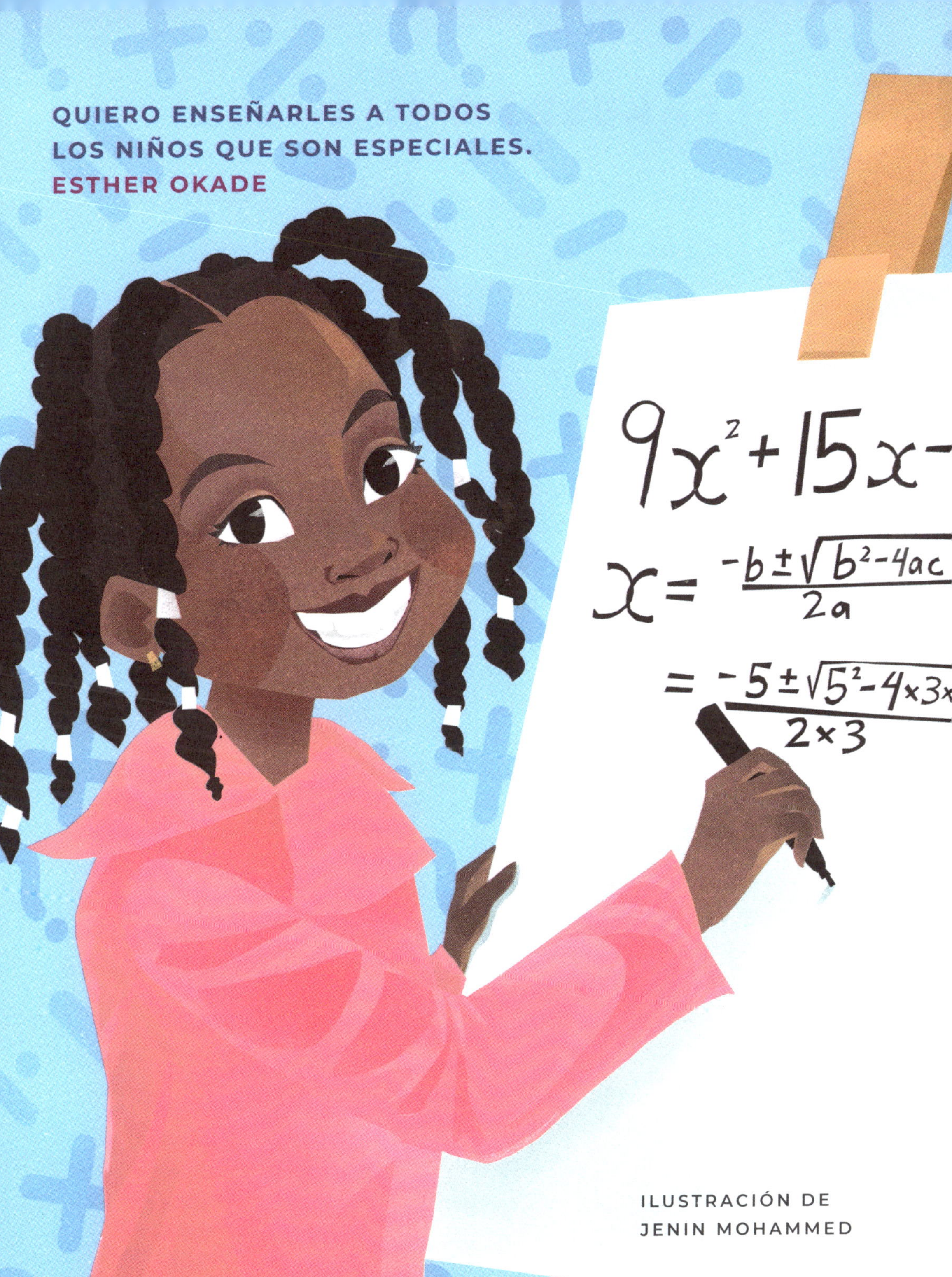

ILUSTRACIÓN DE
JENIN MOHAMMED

FAREEDAH SHAHEED

ASESORA DE SEGURIDAD EN LÍNEA

En Arabia Saudita, cuando Fareedah era niña, siempre tenía la nariz metida en algún libro. Prefería la compañía de los personajes de sus novelas que la de los niños que la molestaban en el patio.

Cuando cumplió trece años, su papá le regaló una computadora, pero había un detalle: no tenía acceso a internet, por lo que quiso averiguar cómo funcionaba para conectarla al wifi. Jugar con la tecnología despertó su imaginación igual que los libros.

Una vez que estuvo en línea, descubrió el mundo de los videojuegos: era como entrar a una novela y ser la protagonista. Ahí hizo nuevos amigos, pero también se dio cuenta de que había gente poco amable, igual que en la vida real. Mientras jugaba, se protegía con un nombre de usuario y se aseguraba de nunca compartir sus datos de acceso, pero pronto se dio cuenta de que no todos los niños tomaban las mismas precauciones.

A Fareedah le maravillaba ver que la gente podía conectarse a internet para viajar por todo el mundo sin salir de su casa, tal como ocurría con los libros, pero también se dio cuenta de que podía ser peligroso. Fue por ello que abrió su propio portal llamado Sekuva, con la intención de enseñarles a los papás a proteger a sus hijos en línea; llenó su sitio con videos y foros de discusión para que los padres aprendieran consejos de **ciberseguridad**. «A todos nos gusta la conexión humana», explica. «Todos queremos sentirnos queridos y encajar». Con ayuda de Fareedah, los patios de juegos en línea estarán llenos de diversión, información y amigos, no de acosadores.

CIRCA 1998

ESTADOS UNIDOS Y ARABIA SAUDITA

TIENES LA CAPACIDAD DE COMPRENDER E INCORPORAR A TU VIDA MEDIDAS DE SEGURIDAD EN INTERNET. NO HAY RAZÓN PARA TEMER.

FAREEDAH SHAHEED

ILUSTRACIÓN DE RAE CRAWFORD

GINEVRA COSTANTINI NEGRI

PIANISTA

Había una vez una niña que soñaba con desayunar con Mozart. Todo comenzó cuando Ginevra tenía cuatro años, el día en que su papá llegó a casa y le mostró una versión grabada de la ópera *Las bodas de Fígaro*. Se enganchó desde la primera nota y en muy poco tiempo se aprendió toda la obra de memoria.

Luego entró a un coro infantil para participar en las óperas, y durante su estancia aprendió a leer música y a actuar. Poco después ya se encontraba sobre el escenario de La Scala de Milán, en Italia. Los mejores cantantes de ópera del mundo se habían parado bajo esos mismos reflectores, llenando el famoso teatro con sus hipnotizantes voces y dejando asombradas a las miles de personas del público. Era un sueño hecho realidad.

Cuando no cantaba en el coro, experimentaba con el piano. Le encantaba sentir la suavidad de las teclas bajo sus dedos y le encantaban los emocionantes sonidos que podía crear, desde los más vivos y brillantes hasta los más inquietantes y conmovedores. Con el tiempo empezó a enviar sus grabaciones a concursos e incluso a ganarlos.

El mundo entero se fijó en ella. Al cumplir los diez años logró tocar para uno de sus ídolos, el pianista Lang Lang. Meses después cautivó al público del Carnegie Hall en Nueva York.

Ahora Ginevra graba sus propios discos de música clásica y da conciertos por todo el mundo. También es presentadora de una serie de YouTube en la que entrevista a reconocidos intérpretes de música clásica, algo muy parecido a aquel desayuno con Mozart.

NACIÓ EL 18 DE SEPTIEMBRE DE 2000

ITALIA

LAS IDEAS SON
MEJORES QUE
LOS SUEÑOS.
GINEVRA
COSTANTINI NEGRI
ILUSTRACIÓN DE
LAURA PROIETTI

GITANJALI RAO

INVENTORA Y CIENTÍFICA

Gitanjali siempre estaba llena de ideas. Cuando supo que en Flint, Míchigan, no había agua limpia para beber, les dijo a sus padres que ella podía ayudar desarrollando un sensor especial que detectara la contaminación del agua y enviara los resultados directo al teléfono de las personas. Sus padres la miraron sorprendidos, pero la apoyaron. Participó en un concurso en el que jóvenes científicos presentan soluciones inteligentes a problemas del mundo real.

Quedó entre los diez finalistas y le asignaron un mentor para hacer realidad su propuesta; también visitó un laboratorio en el que personas en batas blancas manipulaban vasos de precipitado con sustancias químicas. ¡Fue muy emocionante!

Logró desarrollar su invento con ayuda de su mentor: Tetis es un dispositivo de detección de plomo que lleva el nombre de la diosa griega del agua dulce; es una forma rápida y precisa de comprobar si el agua está contaminada con ese metal. Su invento le valió el título de la mejor científica joven de Estados Unidos, ¡pero Gitanjali apenas comenzaba! De inmediato se puso a trabajar en una aplicación para evitar el ciberacoso y en una herramienta médica para ayudar a diagnosticar a pacientes que se han vuelto adictos a los medicamentos recetados.

En 2020 se convirtió en la primera persona en ser reconocida por la revista *TIME* como niña del año. Sus inventos no solo son impresionantes, también surgen del deseo de hacer del mundo un lugar mejor. Después de todo, como le gusta decir, «inventar» es solo otra forma de llamarle a «usar la ciencia para hacer el bien».

NACIÓ EL 19 DE NOVIEMBRE DE 2005

ESTADOS UNIDOS

SABEMOS QUE ESTE TRABAJO PRONTO VA A ESTAR EN MANOS DE NUESTRA GENERACIÓN, ASÍ QUE, SI NADIE PIENSA HACERLO, LO HARÉ YO.
GITANJALI RAO
ILUSTRACIÓN DE AMY PHELPS

GRETA THUNBERG

ACTIVISTA CONTRA EL CAMBIO CLIMÁTICO

Había una vez una niña que hizo que el mundo entero la escuchara. Greta aprendió sobre el cambio climático en la escuela y de inmediato se puso en acción. Primero se centró en las cosas que ella podía hacer por el planeta: dejar de comer carne y productos derivados de la leche, desconectar los enchufes de su casa y no viajar en autos ni aviones.

Pero se dio cuenta de que esto no lograría evitar las devastadoras olas de calor, tormentas y sequías provocadas por el cambio climático, así que fue más allá. Decidió ir todos los días al Palacio del Parlamento de Suecia a protestar hasta que el gobierno aceptara reducir las emisiones de carbono. Durante un tiempo, ella era la única que se paraba allí con su gran letrero: «Huelga estudiantil contra el cambio climático». Poco a poco el movimiento comenzó a extenderse.

Miles de estudiantes del planeta organizaron sus propias huelgas en nombre de la justicia climática, y el mundo comenzó a notar a la pequeña niña del gran mensaje. Greta recibió invitaciones para hablar en diversas partes. Incluso atravesó el océano Atlántico navegando durante trece días para asistir a una conferencia sobre el clima que se llevó a cabo en Nueva York. Ahí les exigió a los líderes mundiales que tomaran medidas contundentes. «Los ojos de las futuras generaciones están sobre ustedes», les advirtió.

En la actualidad Greta sigue difundiendo su mensaje a través de discursos, marchas y de su organización Viernes por el Futuro, que alienta a los estudiantes del mundo para que se hagan escuchar como lo hizo ella.

NACIÓ EL 3 DE ENERO DE 2003

SUECIA

NO PODEMOS SEGUIR PERMITIENDO QUE LA GENTE QUE TIENE EL PODER DECIDA QUÉ ES LA ESPERANZA. LA ESPERANZA NO ES PASIVA, NO SON PALABRAS SIN SENTIDO. ES DECIR LA VERDAD, TOMAR ACCIÓN. Y ESTA SIEMPRE VIENE DEL PUEBLO.
GRETA THUNBERG
ILUSTRACIÓN DE PAU ZAMRO

HELENA GUALINGA

ACTIVISTA AMBIENTAL

Había una vez, en lo profundo de la selva del Amazonas, una niña llamada Helena. Mientras crecía, aprendió las costumbres de su orgullosa y vigorosa comunidad, el pueblo Kichwa de Sarayaku. Desde un inicio supo que el lugar donde vivía, la exuberante y verde selva tropical, era especial, pero el mismo año en que ella nació una fuerza poderosa irrumpió en su hogar.

Una compañía petrolera planeaba interrumpir la tranquilidad de la selva buscando petróleo en las profundidades del subsuelo. Helena y su familia estaban asustados. «Valoramos la selva tanto como a las personas porque creemos que tiene un espíritu», explica. ¿Qué pasaría si se perdieran los altísimos árboles a los que ella y sus primos se trepaban? ¿Y si el caudaloso río Bobonaza se contaminara con petróleo? ¿Dónde beberían agua los animales? ¿Dónde nadaría Helena?

A la compañía petrolera y a sus promotores nada de esto les importaba, así que le tocó a ella, a su familia y a todo el pueblo Sarayaku detenerlos. Helena acudió a marchas y protestas junto a sus familiares, vio a su comunidad mantenerse firme incluso cuando los militares entraron a sus tierras. Esa determinación los condujo a un gran éxito después de una larga batalla legal.

Al observar a líderes fuertes como su madre y sus tías, Helena aprendió cuán importante era su voz. Hoy sigue luchando para proteger el medio ambiente y a los pueblos indígenas. «Sé que esto es lo que tengo que hacer», señala, «darle voz a la gente que no la tiene y a quienes han silenciado».

NACIÓ EL 27 DE FEBRERO DE 2002

ECUADOR

NUESTRA EXISTENCIA ES
NUESTRA RESISTENCIA.
HELENA GUALINGA
ILUSTRACIÓN DE
LU ANDRADE

HOLLIE GREENHALGH

ECOLOGISTA

Tejen telares de seda con sus ocho patas larguiruchas y por sus venas corre sangre azul. Esas son las características de una criatura que todos conocen bien: la araña. Algunas personas huyen de ellas, pero en Cheshire, Inglaterra, hay una niña que las adopta y les enseña a los demás lo increíbles que son. Esa niña se llama Hollie.

Las trataba como amigas desde que tenía dos años, las sostenía sobre su mano y hablaba con ellas. Para su séptimo cumpleaños le regalaron su primera araña: una tarántula mexicana de rodillas rojas. Le puso por nombre Hairyett (que suena parecido a Harriet, pero al mismo tiempo significa «velluda»), el nombre perfecto para este simpático y peludo animalito de color naranja rojizo. En su canal de YouTube, Hollie muestra a sus animales y comparte información sobre ellos, como que las tarántulas de rodillas rojas llegan a medir unos quince centímetros y viven hasta treinta años. Además de Hairyett, tiene ahora más de cincuenta tarántulas en su cuarto. También cuida serpientes, escorpiones, milpiés, chapulines, cucarachas y caracoles.

Considera que la gente no tendría tanto miedo de las arañas si supiera todas las cosas fascinantes y adorables que hacen. Por eso comparte lo que sabe de ellas, por ejemplo, que se limpian lamiendo sus patas, igual que los gatos.

Cuando crezca, quiere viajar por el mundo para enseñarle a la gente todo sobre los animales. La conexión que Hollie tiene con ellos es su superpoder y lo usa para hacer del mundo un lugar mejor para todos los seres vivos.

NACIÓ EL 20 DE DICIEMBRE DE 2011

REINO UNIDO

QUIERO QUE TODOS SEPAN QUE LAS TARÁNTULAS Y LOS INVERTEBRADOS SON INCREÍBLES.
HOLLIE GREENHALGH
ILUSTRACIÓN DE RAE CRAWFORD

ISABELLA MADRIGAL

DRAMATURGA

Isabella creció en el desierto del sur de California, profundamente conectada con las historias de sus antepasados nativos americanos. Su forma favorita de contar cuentos era sobre el escenario, así que, cuando tenía quince años, decidió que quería protagonizar su propia historia.

Isabella sabía que la vida de las niñas nativas estaba en peligro. Parecía que a nadie le importaba cuando algo terrible sucedía, como que desapareciera una chica **indígena**. Se sentía indignada y frustrada, pero aun así seguía albergando esperanza en su corazón; si los demás no contaban historias de mujeres nativas, entonces ella lo haría. Se puso a escribir una obra de teatro sobre los problemas que veía en su comunidad y la intituló *Menil and Her Heart* (Menil y su corazón).

Dos semanas después de terminarla se subió al escenario y representó a Nesune (que significa «corazón» en cahuila), la hermana de una niña desaparecida. La acompañaron en el escenario miembros de su comunidad y su familia. Todos esperaban que su mensaje fuera escuchado.

Su deseo se hizo realidad. Isabella recibió dos prestigiosos premios por su obra. Además, en 2020, la invitaron a las Naciones Unidas para participar en el Día Internacional de la Niña.

En su emotivo discurso mencionó a las mujeres **indígenas** desaparecidas y compartió una cita de la autora Leslie Marmon Silko: «No nos curamos olvidando, nos curamos recordando». Isabella le recuerda a todo el mundo que no solo hay que darse cuenta, también hay que pasar a la acción, así como ella lo hizo.

NACIÓ EL 26 DE JUNIO DE 2002

ESTADOS UNIDOS

LA SANACIÓN NO PROVIENE DEL ODIO,
SINO DEL AMOR Y LA RESILIENCIA.
ISABELLA MADRIGAL
ILUSTRACIÓN DE
LYNNE HARDY

ISABELLA SPRINGMÜHL

DISEÑADORA DE MODAS

Desde que empezó a tener uso de razón, Isabella siempre soñó con convertirse en diseñadora de modas, igual que su abuela. Pasaba horas hojeando las páginas brillosas de las revistas y haciendo vestidos para sus muñecas.

Cuando creció, decidió inscribirse en una escuela de modas, pero había un problema: tenía síndrome de Down y eso dificultaba un poco su aprendizaje. La universidad no quería darle clases a alguien con su condición, pero ella no se rindió. «Estoy segura de que puedo ser una diseñadora increíble», pensaba. Así que siguió diseñando y aprendiendo. Llenaba las telas de alfileres, hacía bocetos, comparaba colores y confeccionaba prendas, como un poncho bordado color azul rey con flecos y un saco de colores con mangas vaporosas. Usaba colores intensos y estampados que reflejaban su herencia guatemalteca.

Sus esfuerzos rindieron frutos. En 2015 la invitaron a exponer su trabajo en un museo de trajes de Guatemala. Se agotó toda la colección: su carrera en verdad había comenzado. Al año siguiente asistió a la Semana de la Moda de Londres, donde fue la primera diseñadora con síndrome de Down en exhibir sus diseños como parte de la Muestra Internacional de Moda. Con su nueva fama, creó una marca de ropa especialmente diseñada para personas que comparten su condición.

Tal vez la universidad no haya creído en ella, pero Isabella sí lo hizo. Su misión de celebrar la moda inclusiva fue un éxito y espera con ansias para seguir diseñando.

NACIÓ EL 23 DE OCTUBRE DE 1996

GUATEMALA

¡CAMBIA UN NO POR UN SÍ!
ISABELLA SPRINGMÜHL
ILUSTRACIÓN DE
ÁNGELA HINOJOSA

JALAIAH HARMON

BAILARINA Y COREÓGRAFA

Había una vez una niña que puso a todos a bailar; podía pasar horas combinando movimientos para crear emocionantes coreografías. Un día, después de clases, Jalaiah inventó un baile en el que balanceaba los brazos, levantaba los hombros, giraba todo el cuerpo y brincaba al ritmo de la música. Se grabó bailándolo y lo subió a las redes sociales. ¡Rin! ¡Bip! ¡Pop! Su teléfono no dejaba de sonar cada vez que compartían el video o le daban *like*. Gente de todo el mundo empezó a imitar sus movimientos, y su baile, conocido ahora como *Renegade* (Renegado), pronto llegó a TikTok.

De pronto bailarines profesionales y celebridades lo interpretaban; cada que abría la aplicación, encontraba alguien distinto bailándolo. A los catorce años, Jalaiah ya había coreografiado uno de los bailes más virales que se hayan visto. «¡Qué emoción!», pensó, pero luego se percató de que no la reconocían como la autora.

Entonces levantó la voz: comentó en los videos de quienes lo bailaban, pidiendo que la reconocieran como la creadora. *Influencers* y celebridades se dieron cuenta y la apoyaron. Después de eso se convirtió en el centro de atención de una conversación mucho más amplia sobre la importancia de reconocer a los creadores afroamericanos.

Desde entonces Jalaiah ha interpretado su icónico baile en programas de entrevistas y en importantes eventos deportivos. Otros creadores en internet recurren a ella cuando no reciben el crédito por sus obras y les aconseja que no dejen que eso les afecte, que siempre «levanten la voz para que la gente los escuche».

NACIÓ EL 28 DE AGOSTO DE 2005

ESTADOS UNIDOS

BAILAR ME HACE FELIZ.
JALAIAH HARMON
ILUSTRACIÓN DE
TAYLOR MCMANUS

JAZZ JENNINGS

ACTIVISTA LGBTTTIQ

Una noche, mientras Jazz dormía, un hada la visitó en sus sueños; llevaba un elegante vestido azul y alas delicadas como las de una mariposa. El hada le prometió que usaría su varita mágica para transformar su cuerpo en el de una niña. En el sueño, la pequeña era muy feliz, pues a pesar de que nació con las características físicas del sexo masculino, siempre supo que era una chica.

Sus padres se dieron cuenta, conforme crecía, de que no era feliz. En casa podía ser ella misma, usaba vestidos y jugaba con maquillaje; sin embargo, afuera se sentía presionada a comportarse como sus compañeros creían que debía hacerlo un niño.

Después de investigar mucho y reunirse con expertos, ella y su familia decidieron que lo mejor sería la transición. Eso significaba que podría vivir como realmente se sentía, como una niña. Jazz y su familia sabían que ese camino podría ayudar a otros niños y niñas **transgénero**, así que compartieron su historia en un famoso programa de televisión en el que los espectadores podían verla mostrar sus juguetes favoritos, jugar con sus amigos en una fiesta en la piscina y hacer graciosadas en la playa con sus hermanos, como cualquier persona de su edad. Casi de la noche a la mañana se convirtió en icono y activista en favor de la comunidad transgénero.

Desde entonces ha protagonizado su propia serie de televisión, ha escrito libros y pronunciado innumerables discursos en eventos LGBTTTIQ. «Se trata de aprender a quererse a uno mismo», explica. Quizá no tenga alas ni una varita mágica como el hada de su sueño, pero puede hacer muchísimo con su voz.

NACIÓ EL 6 DE OCTUBRE DE 2000

ESTADOS UNIDOS

ILUSTRACIÓN DE
AMY PHELPS
SIN IMPORTAR EL CAMINO QUE ESCOJA, ESTOY SEGURA DE ALGO: NUNCA DEJARÉ DE LUCHAR POR LOS DERECHOS DE LAS PERSONAS TRANSGÉNERO.
JAZZ JENNINGS

JOJO SIWA

CANTANTE Y BAILARINA

Había una vez una niña que vivía la vida en tecnicolor. A JoJo le gustaba bailar al ritmo de su madre en el salón de danza y actuar en el escenario desde pequeña. Así desarrolló un estilo propio, lleno de diamantina, moños para el cabello y muchísimo color.

Sus movimientos le consiguieron un lugar en un famoso programa sobre bailarines talentosos. Su risa alegre y divertida personalidad rápidamente la convirtieron en una de las favoritas de los fans. En YouTube conectó con esos fans y cautivó a muchos más, pues en sus videos dejaba fluir su disparatado sentido del humor al preparar helados gigantes y cubrir todo su cuerpo con diamantina morada. Sin embargo, ella era mucho más: animaba a los niños de todo el mundo a ser amables con los demás.

Poco después convirtió su amor por el baile, la música y todo lo divertido en un trabajo de tiempo completo. En giras empezó a interpretar canciones pop pegajosas de su propia invención. También comenzó a vender sus característicos moños para que los «siwanatorz» pudieran seguir su estilo.

Al crecer, su mensaje **inclusivo** se volvió más profundo. En 2020 reconoció que era gay; le daba miedo confesarlo, pero su confianza se impuso. «Quiero ser un modelo a seguir para la gente que ama el amor», señala. JoJo sigue encontrando formas de hacer que los demás se sientan incluidos. En *Dancing with the Stars* (Bailando con las estrellas) fue la primera persona en bailar con una pareja del mismo sexo. Es la prueba viviente de que, con confianza y un poco de brillo, los grandes sueños pueden volverse realidad.

NACIÓ EL 19 DE MAYO DE 2003

ESTADOS UNIDOS

ILUSTRACIÓN DE JULIETTE TOMA

QUIERO QUE TODO EL MUNDO SEPA QUE ESTÁ BIEN SER QUIEN ERES Y AMAR A QUIEN QUIERAS.
JOJO SIWA

JUDIT GIRÓ BENET

INGENIERA BIOMÉDICA E INVENTORA

Había dos cosas que hacían que el cerebro de Judit se iluminara: las matemáticas y la biología. Le encantaba resolver ecuaciones y aprender cómo funciona el cuerpo humano. Consideraba que podía convertirse en doctora, pero la idea de abandonar las matemáticas le rompía el corazón.

A los quince años tuvo una revelación: en una presentación de carreras, escuchó hablar de la **ingeniería biomédica**. Una profesión que combinaba sus dos pasiones. Ahí sentada entre la multitud sintió que todo encajaba: «Oír eso fue algo muy parecido al amor a primera vista», confiesa.

Estudió ingeniería biomédica en la universidad. Ahí se enteró de que los perros pueden detectar problemas de salud en los humanos con el olfato, hecho que la intrigó. A su madre le habían diagnosticado cáncer de mama, así que conocía los complicados estudios a los que se someten las mujeres para detectar a tiempo la enfermedad y por ello quería encontrar una forma más fácil de diagnosticarla.

Se puso a trabajar: la Blue Box (Caja Azul) es una cajita de plástico que utiliza una muestra de orina para detectar el cáncer de mama. Así, imitó el sentido del olfato de un perro al crear una «nariz electrónica» dentro de su invento. Este dispositivo estudia la muestra y luego envía los resultados a una aplicación en el teléfono del usuario, sin necesidad de agujas.

Este invento obtuvo el Premio James Dyson, un prestigioso galardón internacional para jóvenes que se dedican a la ingeniería. Judit seguirá mejorando su diseño para que un día pueda llegar a la casa de cualquiera que lo necesite.

NACIÓ EL 5 DE NOVIEMBRE DE 1996

ESPAÑA

QUEREMOS TENER UN PRODUCTO
EN EL MERCADO, PERO TAMBIÉN
QUEREMOS TENER UNA COMUNIDAD
DE MUJERES QUE REALMENTE SE
PREOCUPEN POR SU SALUD Y POR
LAS DEMÁS.
JUDIT GIRÓ BENET
ILUSTRACIÓN DE
JIAWEN CHEN

KAITLIN FRITZ Y OLGA KRAVCHENKO

EMPRESARIAS

Olga y Kaitlin crecieron a miles de kilómetros de distancia. Olga creció en la ajetreada ciudad de Kiev, Ucrania, mientras que Kaitlin vivía con su familia en una zona rural de Pensilvania. Aunque aún no lo sabían, tenían algunas similitudes importantes: a las dos les fascinaba el arte y la historia, y desde pequeñas la gente les decía que eran «mandonas», pero ambas sabían que eso significa que habían nacido para ser líderes.

Se conocieron en Londres, durante un ***hackatón*** universitario. Olga había estado trabajando en un prototipo de un juego educativo llamado Museo 2.0. Ninguna tenía previsto iniciar un negocio, pero cuando Olga le mostró a Kaitlin su diseño, se dieron cuenta de que juntas podían transformarlo en un producto útil. Así ayudarían a hacer que el arte y la historia fueran más accesibles para los niños que no tienen un museo cerca.

Así, fundaron una *start-up* a la que llamaron Musemio. Con un teléfono inteligente y un sencillo casco de realidad virtual hecho de cartón, los niños pueden viajar al pasado. Imagina que pudieras teletransportarte al antiguo Egipto para atravesar de puntitas una pirámide o retroceder a la prehistoria para alimentar a un tiranosaurio rex.

En la actualidad Musemio está cambiando la forma en que miles de niños interactúan con la historia y la cultura, y Kaitlin y Olga están muy entusiasmadas de poder inspirar a más mujeres jóvenes para que estudien carreras sobre tecnología. Menos mal que siempre han sabido que no es malo ser «mandonas».

KAITLIN FRITZ, NACIÓ EL 8 DE OCTUBRE DE 1993
OLGA KRAVCHENKO, NACIÓ EL 17 DE OCTUBRE DE 1994

ESTADOS UNIDOS Y UCRANIA

ILUSTRACIÓN DE
ISIP XIN
ME APASIONA ANIMAR
A LAS NIÑAS Y JÓVENES
A ESTUDIAR CIENCIAS
EXACTAS.
OLGA KRAVCHENKO

KEELY CAT-WELLS

DEFENSORA DE LOS DERECHOS DE PERSONAS CON DISCAPACIDAD Y AGENTE DE TALENTOS

A Keely siempre le atrajeron los reflectores. De niña bailaba, cantaba y participaba en eventos públicos montando a caballo. Pero, al cumplir diecisiete años, contrajo una enfermedad misteriosa; algunos doctores pensaban que solo le dolía la cabeza, pero ella sabía que algo andaba mal en su cuerpo. Tras muchas pruebas descubrieron que tenía una condición poco común que afectaba su forma de digerir los alimentos. Tuvieron que operarla y conectarle una bolsa de ileostomía para que hiciera el trabajo que solía hacer su intestino grueso. Su salud mejoró, pero su vida cambió para siempre. «El mundo no está hecho para mí», pensó.

Sin embargo, no estaba preparada para abandonar su sueño de ser artista. Durante un viaje a Los Ángeles probó la actuación. Milagrosamente le dieron un papel en una película de Hollywood. Antes de que iniciara el rodaje, la diseñadora de vestuario le pidió que se probara un diminuto bikini para una escena. Keely sintió una punzada de terror, pues el bikini era demasiado pequeño para cubrir la bolsa. Por desgracia, en lugar de cambiar el vestuario, los realizadores contrataron a alguien más para el papel.

Su decepción despertó algo en su interior: la determinación de hacer del mundo un lugar más amigable para personas como ella. Así, fundó su propia agencia de talentos para representar a actores, *influencers* y atletas con alguna discapacidad. «Hollywood tiene que reflejar el mundo en que vivimos», señala. Keely está lista para ver cada vez más personas con capacidades diferentes brillar en la pantalla.

NACIÓ EL 12 DE FEBRERO DE 1996

REINO UNIDO Y ESTADOS UNIDOS

ILUSTRACIÓN DE
OLIVIA WALLER
HAY UNA OPORTUNIDAD A LA
VUELTA DE CADA ESQUINA.
KEELY CAT-WELLS

KEKE PALMER

ACTRIZ, CANTANTE Y PRESENTADORA DE TELEVISIÓN

De niña, Keke participaba junto a su mamá en el coro de la iglesia en Chicago. Se balanceaba, aplaudía y cantaba, creando música que llenaba el recinto. Tiempo después, su madre la ayudó a conseguir un papel para cantar en una obra de un teatro local.

La actuación también se le daba en forma natural; a los nueve años ya había conseguido su primer papel en una película y se había mudado a Hollywood. Pero su oportunidad llegó a los doce, cuando protagonizó una importante cinta en la que interpretaba a una joven de inteligencia excepcional que compite en el Concurso Nacional de Ortografía.

Poco después grabó su primer disco, *So Uncool*, en el que celebraba ser diferente y la letra animaba a las personas a ser como son.

A los veinte años se convirtió en la persona más joven en conducir un programa de entrevistas. *Just Keke* (Simplemente Keke) también incluía bromas y conversaciones serias de todo tipo de temas, desde baile hasta ciberacoso.

En redes sociales trató temas como el racismo, sexismo, **colorismo**, salud mental y muchos otros más. Habló desde el corazón sobre la depresión y la ansiedad que estos problemas provocan, y compartir sus experiencias la ayudó a sentirse más empoderada.

Lanzó su sello musical, protagonizó películas y programas de televisión, presentó programas de entrevistas e incluso pasó a la historia como la primera Cenicienta afroamericana de Broadway. Sin embargo, considera que aún le esperan muchas más hazañas y aventuras antes de vivir feliz para siempre.

NACIÓ EL 26 DE AGOSTO DE 1993

ESTADOS UNIDOS

NUESTRA GENERACIÓN ME
INSPIRA MUCHÍSIMO.
KEKE PALMER
ILUSTRACIÓN DE
NOA DENMON

KIARA NIRGHIN

INVENTORA Y CIENTÍFICA

Kiara cayó gravemente enferma cuando tenía trece años. Mientras lidiaba con un dolor intenso en su cama de hospital, descubrió una fuerza que no sabía que tenía: «Si puedo superar esto, entonces puedo hacer mucho más de lo que creía».

Todo el tiempo que pasó en el hospital lo dedicó a leer montones de revistas científicas; no había momento en el que no aprendiera algo nuevo y en poco tiempo todo ese estudio daría sus frutos. Meses después de la hospitalización hizo un viaje en carretera con su familia por su natal Sudáfrica. Sabía sobre la escasez de agua en el país, pero enseguida comprendió que el problema era mucho más grande de lo que pensaba. En el camino vio dos presas casi vacías; sin agua, los cultivos no sobrevivirían y la gente pasaría hambre. «¿Cómo puedo ayudar a los agricultores?», se preguntó.

Su mente se puso en acción. Ideó algunos experimentos, los probó todos y, tras mucho ensayo y error, inventó algo extraordinario. Con cáscaras de naranja y aguacate creó un material especial, un polímero muy absorbente. Al plantarse en la tierra, su invento absorbía una gran cantidad de agua para mantener hidratados los cultivos, incluso durante las sequías.

Kiara lo llamó No Más Cultivos Sedientos y en 2006 lo inscribió en la Feria de Ciencias Google. Para su sorpresa, ganó, y ahora está desarrollando esta tecnología con ayuda de una importante empresa agrícola. Así, su determinación no solo la ayudó a superar su propia crisis de salud, sino también la del mundo.

NACIÓ EL 25 DE FEBRERO DE 2000

SUDÁFRICA

NO SOLO HAY QUE CORREGIR LOS PROBLEMAS, TAMBIÉN HAY QUE ALZAR LA VOZ PARA DETENERLOS.
KIARA NIRGHIN
ILUSTRACIÓN DE JUNETIEN

KOFFEE

CANTANTE DE REGGAE Y RAPERA

Koffee pasó su infancia en la ciudad de Spanish Town en Jamaica, yendo a la iglesia con su mamá cada semana. Ahí aprendió a cantar, se enamoró al instante de la música y supo que su futuro estaba en ella.

En su tiempo libre cantaba, rapeaba, era DJ, tocaba la guitarra y componía canciones. Su oportunidad llegó cuando escribió una canción de *reggae* para celebrar a la estrella del atletismo Usain Bolt y subió el video a las redes. «El cielo no es el límite, no te detengas», cantaba la joven de diecisiete años. «Eres una leyenda». Usain lo reposteó y el video se hizo viral.

Se volvió la sensación de internet con rapidez; sin embargo, Koffee era muy ambiciosa para conformarse con un solo éxito, así que creó más música. Escribió la canción «*Burning*» para recordar el fuego que lleva por dentro e inspirar a los demás a mantener la frente en alto en los momentos difíciles. En 2019 lanzó su primer disco: *Rapture*; con su suave voz y sus inspiradoras letras, el disco fue nominado a los Premios Grammy.

Desfiló por la alfombra roja con un traje negro hecho a la medida y sus rastas recogidas en un chongo. «Estoy nerviosa y emocionada», confesó en una entrevista de camino al teatro; luego esperó impaciente a que anunciaran a los nominados. Y el Grammy al Mejor Álbum de Reggae es para... ¡Koffee! Sonrió de oreja a oreja y sus frenos brillaron con el *flash* de las cámaras. Así pasó a la historia como la primera mujer y la persona más joven en ganar en la categoría de *reggae*. Ahora, Usain Bolt ya no es la única leyenda sobre la que canta.

NACIÓ EL 16 DE FEBRERO DE 2000

JAMAICA

ILUSTRACIÓN DE MONET ALYSSA

LAURA DEKKER

NAVEGANTE

Había una vez una niña con un gran sueño: quería navegar alrededor del mundo sola y no quería esperar, deseaba hacerlo ya.

La infancia poco común de Laura comenzó en el agua: nació en un barco y había construido su primera balsa a los seis años. A los catorce le dieron luz verde para salir a la aventura, así que zarpó a bordo de su velero, tan rojo como un caramelo, al que llamó *Guppy* (Pececito).

Estuvo sola la mayor parte de los quinientos dieciocho días de su viaje, por lo que tuvo que manejar por su cuenta los desafíos que se le presentaron. Una noche, cuando navegaba por el estrecho de Torres, se desató una tormenta. ¡Guuush! El viento era tan fuerte que arrancó una de las velas. Además de las ráfagas y la lluvia, era difícil navegar por ahí, pues el estrecho estaba rodeado de arrecifes que podían raspar el fondo de *Guppy*. Laura pasó despierta toda la noche y, para cuando salió el sol, la tormenta se había calmado: pudo reemplazar la vela y continuar su viaje.

A pesar de las dificultades sabía que había tomado la mejor decisión, pues gracias a eso pudo explorar la isla volcánica de Bora Bora, con sus playas de arena blanca y aguas turquesa. También contempló asombrada las enormes tortugas marinas de las Galápagos y las imponentes cascadas de Tahití.

Cuando ancló en el Caribe al finalizar su viaje, periodistas de todo el mundo se reunieron para verla. Después de pasar cerca de año y medio en el mar, Laura le había demostrado al mundo lo que ella siempre supo: que por sí sola podía hacer realidad hasta sus sueños más locos.

NACIÓ EL 20 DE SEPTIEMBRE DE 1995

PAÍSES BAJOS

LA VIDA NO SIEMPRE ES JUSTA, TAMPOCO LO SON LAS OLAS NI EL VIENTO. POR ESO HE APRENDIDO A SACARLES EL MAYOR PROVECHO.
LAURA DEKKER
ILUSTRACIÓN DE
MAJU BENGEL

LEILA HADDAD

FORJADORA DE CUCHILLOS

Había una vez una niña llamada Leila que descubrió la magia de hacer cuchillos en el taller de su padre. Se sentaba en el banco de trabajo y lo observaba manejar esmeriles, limas y sierras para metales; las llamas anaranjadas chisporroteaban mientras él martillaba y aplanaba las hojas incandescentes. Ella quedaba hipnotizada. A los seis años empezó a trabajar con él en la forja y a fabricar cuchillos; desde entonces, la cuchillería es su fascinación.

Como los herreros y los fabricantes de armas de las novelas de fantasía, Leila hace magia al forjar impresionantes herramientas para sus clientes. Pero, a diferencia de las espadas que los caballeros usan para matar dragones y proteger reyes y reinas, los cuchillos que fabrica son para chefs , quienes necesitan hojas confiables para cortar, picar y trocear.

Leila convierte su trabajo en arte al combinar belleza y utilidad. Se especializa en un diseño de remolino de mármol. Crea curvas y espirales mediante un proceso llamado soldadura de forja, una técnica para soldar que se ha usado durante siglos.

Leila viaja por el mundo haciendo presentaciones sobre lo bien que se siente crear algo tan duradero. «Piensa en cuántas manos jóvenes y viejas han tocado un cuchillo», comenta. «Piensa en todos los domingos que ese cuchillo ha cortado carnes asadas».

Al igual que las espadas de las historias de fantasía, sus hermosos y robustos cuchillos pasarán de generación en generación.

NACIÓ EL 15 DE NOVIEMBRE DE 2002

AUSTRALIA

EL RESULTADO ES SORPRENDENTE, PUEDO DECIR «¡GUAU, YO HICE ESTO!».

LEILA HADDAD

ILUSTRACIÓN DE
RACHEL ELEANOR

LIINA HEIKKINEN

FOTÓGRAFA DE FAUNA SILVESTRE

Liina y su padre pasaban el día con su familia favorita de zorros en la isla de Lehtisaari, en Finlandia. Los zorritos crecían muy rápido, y después de unos meses los seis cachorros ya eran casi tan grandes como sus papás. No obstante, aún eran muy pequeños para aventurarse fuera de la madriguera a cazar ratas, por lo que se alimentaban principalmente de insectos y lombrices de tierra.

Cierto día, como a las siete de la tarde, la tranquila guarida cobró vida, pues la mamá llegó con un ganso para cenar. Las plumas volaron cuando los cachorros se abalanzaron para el banquete, pero un zorrito no estuvo de acuerdo con su porción, les arrebató el ganso y se lo llevó a un rincón de la madriguera entre dos rocas cubiertas de musgo. A Liina se le aceleró el corazón: sabía que era un momento especial que debía registrar. Con cuidado, levantó su cámara y ¡clic!, presionó el botón.

Se puso contentísima cuando reveló la foto. La toma era increíble, pues mostraba al cachorro triunfante con su ganso, frunciendo el hocico con ojos brillantes. La joven fotógrafa capturaba imágenes de la naturaleza desde los ocho años, así que sabía que «El zorro que se llevó el ganso» sería un gran retrato. Lo inscribió al Premio al Joven Fotógrafo de la Naturaleza del Año y ganó.

Su consejo para los principiantes es muy sencillo: si estás dispuesto a dedicarle tiempo, puedes captar algo increíble en acción. «Tienes que trabajar duro y volver a intentarlo si no lo logras», recomienda. Ya sea en una isla finlandesa o en el parque de tu colonia, siempre hay algo que ver.

NACIÓ EN 2007

FINLANDIA

ILUSTRACIÓN DE
JAMIE GREEN

LILY HEVESH

ARTISTA DEL DOMINÓ

A los nueve años, Lily encontró una caja de dominó en casa de sus abuelos y se puso a jugar con las fichas. Le encantaba el sonido que hacían al caer una tras otra en hileras sobre el piso: clac, clac, clac. Así fue como el dominó se convirtió en su pasatiempo favorito, pero nunca imaginó que llegaría a ser algo más.

Pero entonces descubrió que algunas personas subían videos de sus dominós cayendo y que con las fichas podían formarse retratos, construcciones y hasta palabras. Abrió un canal de YouTube, «Hevesh5», en el que empezó a subir videos de sus proyectos, aprendió trucos que vio en los videos de otros creadores y no tardó en empezar a desarrollar hipnóticas espirales y elaborados diseños de animales y personas. Pasaba horas y hasta días acomodando miles de fichas en hileras y patrones, caminando de puntitas en su cuarto con la esperanza de no derribar nada. Se volvió muy buena para hacer figuras de dominó, además su pasatiempo le enseñó mucho de geometría, física y diseño.

Otros artistas del dominó empezaron a comentar sus videos y ella les respondía. Conforme sus seguidores iban aumentando, se dio cuenta de que aquello ya no era un proyecto de medio tiempo. Por primera vez empezó a salir frente a la cámara y se convirtió en el rostro de la comunidad que ella había construido.

En la actualidad, Lily crea obras de arte de dominó para toda clase de empresas y marcas. Lo que empezó con la caída de unas cuantas fichas se convirtió en el trabajo de sus sueños. «Seguir tu pasión de verdad es lo mejor que puedes hacer en la vida», asegura.

NACIÓ EL 2 DE OCTUBRE DE 1998
ESTADOS UNIDOS

EQUIVOCARSE ES PARTE
DEL PROCESO.
LILY HEVESH
ILUSTRACIÓN DE
EVELYN KANDIN GELER

THE LINDA LINDAS

BANDA DE PUNK ROCK

Cuando Mila tenía diez años, un niño de la escuela le dijo que su papá no lo dejaba juntarse con personas chinas, y eso le dolió y le causó confusión. No sabía que algunas personas de Estados Unidos culpaban a China por la pandemia de COVID-19, así que no supo cómo contestar a algo tan racista y ridículo. Bueno, sí: tras una videollamada de cinco horas, ella y su prima Eloise terminaron de escribir la letra de su futura canción «*Racist, Sexist Boy*». La joven Eloise de trece años gritaba en el coro: «*Racist, sexist boy! We rebuild what you destroy!*» (¡Niño racista y sexista, arreglaremos lo que tú destruyas!).

Su banda de punk, The Linda Lindas, incluía a Mila en la batería; a Lucia, su hermana de catorce años, en la guitarra; Eloise en el bajo, y su amiga Bela, de dieciséis años, tocaría la otra guitarra. Como todas eran asiáticas, latinas o ambas, tenían mucho que opinar sobre chicos racistas y sexistas como el de la escuela de Mila. La canción era su himno contra la ignorancia y la crueldad, y en poco tiempo ya ensayaban en la biblioteca del vecindario.

Unas semanas después, el papá de Mila y Lucia entró en el cuarto de sus hijas e interrumpió su clase en línea. ¡The Linda Lindas se estaba volviendo viral en internet! La Biblioteca Pública de Los Ángeles había subido a sus redes un fragmento de su canción y la gente lo estaba compartiendo sin parar. Las chicas se sorprendieron.

No sabían si el compañero de Mila había visto el video, pero no importaba: tenían algo que decir y lo habían gritado a los cuatro vientos para que millones de personas lo escucharan.

LUCIA, 13 DE ENERO DE 2007 · BELA, 16 DE SEPTIEMBRE DE 2004 · MILA, 15 DE AGOSTO DE 2010 · ELOISE, 10 DE FEBRERO DE 2008

ESTADOS UNIDOS

LAS EMOCIONES SE
ACUMULAN, POR ESO ES
BUENO... SE SIENTE BIEN
SACARLAS A GRITOS.
ELOISE WONG
ILUSTRACIÓN DE
JANICE CHANG

LUCÍA MONTENEGRO

ATLETA EN SILLA DE RUEDAS

Lucía siempre supo que lograría algo increíble, por eso soñaba con un mundo **inclusivo** en el que pudiera brillar.

Nació con parálisis parcial en las piernas, pero cierto verano asistió a un campamento para niños con discapacidad y probó algo nuevo: las carreras en silla de ruedas. Disfrutaba sentir el viento entre sus cabellos mientras aceleraba en la pista y le encantaba que sus brazos se fueran fortaleciendo al impulsarse cada vez más rápido. Era una atleta en potencia.

Se concentró, entrenó y empezó a competir; ya en 2017 estaba lista para su primer gran torneo: el Campeonato Mundial Juvenil de Paratletismo en Suiza. Incluso la invitaron a llevar la bandera de Argentina.

Por fin llegó el día de la carrera. ¡Pum! El disparo de salida sonó y Lucía aceleró por la pista lo más rápido que pudo. «Voy a ser la última», pensó; sin embargo, se mantuvo a la cabeza. «¿Qué está pasando?», se preguntó. «¿Por qué nadie me rebasa?». ¡Era demasiado rápida! Aceleró hasta la meta, donde recibió su primera medalla de plata y, antes de que terminara el torneo, se llevó otras dos en diferentes eventos.

Antes de su primera carrera, Lucía nunca había oído hablar de los Juegos Paralímpicos; unos años después se había convertido en una de las jóvenes atletas en silla de ruedas más rápidas de la Tierra. Espera algún día convertirse en medallista paralímpica.

NACIÓ EL 11 DE AGOSTO DE 2000

ARGENTINA

LA DISCAPACIDAD Y EL DEPORTE ME HICIERON DESCUBRIR UN MUNDO NUEVO.
LUCÍA MONTENEGRO
ILUSTRACIÓN DE SELAH POTMA

MAARTJE MURPHY

CREADORA DE *GELATOS* Y EMPRESARIA

Maartje pasó sus primeros años en la granja lechera de su familia en los Países Bajos. La región es famosa por sus altos molinos y sus coloridos campos de tulipanes, pero su principal negocio son los lácteos. Los granjeros de todo el país crían vacas y con su leche hacen queso, yogurt y, quizá lo más delicioso, *gelato*, un helado artesanal de origen italiano.

A los catorce años se mudó a Dakota del Norte, pero nunca olvidó el sabor de su postre favorito. Regresaba cada año a su país para visitar a sus abuelos. «Íbamos una o dos veces al día a comprar *gelato*», comenta. Ese postre helado, dulce y cremoso era perfecto para sus visitas de verano y siempre hizo que se sintiera conectada con su lugar de origen. ¿Por qué habría de abandonarlo?

Cuando regresó les dijo a sus papás que quería abrir una heladería. La idea les pareció descabellada al principio, pero cuando su mamá encontró un curso de elaboración de *gelato* cerca de su casa, el proyecto empezó a florecer; la producción de lácteos era una tradición familiar. Así, con ayuda de sus padres, empezó a producir quesos y *gelatos*.

Ahora Maartje tiene su negocio, Duchessa Gelato, una aportación que ha sido bien recibida en su comunidad rural. A la fecha ha preparado más de cien sabores, desde chocolate y vainilla hasta otros fuera de lo común, como pastel de zanahoria y ruibarbo. Con su carrito de lunares viaja por el noroeste de Estados Unidos compartiendo gelato en bodas, graduaciones y ferias de productos del campo, pues le encanta llevar un dulce sabor de hogar allá donde va.

NACIÓ EN ENERO DE 1995

PAÍSES BAJOS Y ESTADOS UNIDOS

ILUSTRACIÓN DE
ROCÍO CAPUTO
CAMBIA TU
MENTALIDAD,
DEJA DE
PENSAR QUE
ES IMPOSIBLE
Y MEJOR
PREGÚNTATE
CÓMO HACERLO
POSIBLE.
MAARTJE
MURPHY

MAAYAN SEGAL

DISEÑADORA DE JUEGOS DE CARTAS Y EMPRESARIA

Había una vez una niña llamada Maayan que, al estar de vacaciones con su familia, se dio cuenta de que algo le molestaba al jugar a las cartas. Estaba relajada jugando una partida de gin rummy con su papá, cuando volteó a verlo y le preguntó: «¿Por qué la carta de la reina vale menos que la del rey?».

Él estaba desconcertado. Si una reina es tan importante como un rey, ¿por qué tienen valores distintos dentro del juego? Eso fue lo que la inspiró a crear una baraja divertida y diversa que mostrara una imagen más precisa del mundo.

Empezó a diseñar sus nuevas cartas a los trece años. En ese mazo, los reyes y las reinas son iguales, los duques y las duquesas valen lo mismo, los príncipes y las princesas sustituyen a las jotas y el comodín es mujer. A su empresa de cartas le puso el nombre de Queeng (una combinación entre *queen*, «reina», y *king*, «rey») y comenzó a venderlas.

Tras el lanzamiento de su primera baraja, los comentarios de algunos clientes la hicieron darse cuenta de que tenía más trabajo que hacer, por lo que empezó a dibujar de nuevo y, poco después, creó cartas con mucha más diversidad que incluían personajes de diferentes etnias y culturas.

Maayan considera que, cuando los niños tengan en sus manos un paquete de cartas, deberían poder sentirse identificados. «Los juegos nos unen», afirma. «Tienen el poder de acercarnos».

NACIÓ EL 26 DE NOVIEMBRE DE 2003

ISRAEL

CUALQUIERA PUEDE TENER BUENAS IDEAS. SI TÚ CREES EN LA TUYA, CONSIGUE EL APOYO DE TUS SERES QUERIDOS Y PONTE EN ACCIÓN.
MAAYAN SEGAL
ILUSTRACIÓN DE YEGANEH YAGHOOBNEZHAD

MAJA KUCZYŃSKA

PARACAIDISTA DE INTERIOR

Maja tenía diez años la primera vez que saltó de un avión. Su papá, que era un paracaidista experimentado, la llevó a probar el pasatiempo que tanto disfrutaba. Atada a un instructor, Maja saltó al cielo. Ella gritó con todas sus fuerzas, pues nunca había sentido algo así.

Ese mismo día descubrió el deporte que cambiaría su vida. Después de saltar con su padre, se dirigió a un túnel de viento bajo techo. Desde afuera parecía una simple columna de cristal vacía, pero para ella significaba mucho más. Se puso el traje y entró; de pronto, una ráfaga de viento la impulso por los aires. Se sintió libre y ligera, no iba cayendo como cuando saltó del avión, ¡estaba volando!

A partir de entonces comenzó a entrenar como paracaidista de interior. Así descubrió que era capaz de usar los movimientos y las técnicas que había aprendido en la gimnasia para controlar su cuerpo en el aire. Su nuevo deporte también le permitía usar la mente, ya que los paracaidistas de interior utilizan la física para realizar sus intrépidos giros y volteretas.

Inspirada en el *ballet*, el *breakdance* y las acrobacias en patineta, Maja despliega toda su imaginación inventando coreografías. «Cuando estoy en el túnel puedo jugar y crear algo que nadie haya visto antes», expresa.

Ciertamente su creatividad ha rendido frutos. A los quince años ganó el primer Campeonato Mundial Junior de Estilo Libre de la Federación Aeronáutica Internacional. No cabe duda de que nació para volar.

NACIÓ EL 25 DE ENERO DE 2000

POLONIA

ILUSTRACIÓN DE
ANNA DIXON
SIEMPRE QUISE VOLAR.
MAJA KUCZYŃSKA

MARGARET ZHANG

ASESORA Y EDITORA DE MODAS

Había una vez en Sídney, Australia, una niña cuya curiosidad no tenía fronteras. A Margaret le encantaba el *ballet*, pero se enamoró de la música del piano mientras saltaba y hacía piruetas, así que aprendió a tocarlo. La danza la condujo al mundo de los vestuarios y en muy poco tiempo ya estaba confeccionando su propia ropa. Desde niña sabía bien que no quería ser o hacer una sola cosa.

Creció bajo la influencia de sus dos culturas, la china y la australiana. Aprendió a traducir entre idiomas, tradiciones y valores distintos para construir su propia identidad. A los dieciséis años creó un blog de moda, también empezó a grabar películas y a experimentar con la fotografía.

Mientras estudiaba la universidad, atravesó el mundo para tomar fotos en la Semana de la Moda de Nueva York. Se aseguró de ver el desfile de Diane von Fürstenberg, una diseñadora belga que se hizo famosa por inventar el vestido envolvente. Se acercó lo más que pudo a las modelos y disparó su cámara frenéticamente para captar sus looks roqueros y glamorosos, conformados por trajes de satín rosa brillante y pantalones de piel metalizados. «En la pasarela todo es posible», pensó. «¿Por qué la vida real tendría que ser diferente?».

A los veintisiete asumió el cargo de editora principal de *Vogue China* y se convirtió en la persona más joven en dirigir la revista. Con el cabello azul eléctrico y su talento para desafiar los límites de la moda, Margaret está llevando a *Vogue* a una nueva era.

NACIÓ EL 27 DE MAYO DE 1993

AUSTRALIA

HAY CIENTOS
DE CAMINOS
PROFESIONALES QUE
AÚN NO SE CONOCEN.
MARGARET ZHANG
ILUSTRACIÓN DE
CAMELIA PHAM

MARI COPENY

ACTIVISTA Y FILÁNTROPA

Cuando Mari tenía ocho años, una crisis azotó a su hogar en Flint, Míchigan: la ciudad cambió de fuente de abastecimiento de agua y, de pronto, miles de residentes estuvieron expuestos a sustancias químicas poco confiables en el agua que usaban para beber. En lugar de que saliera limpia y clara de la llave, era de un color fangoso.

Ella se sentía profundamente conectada con su comunidad y quería ayudar. Primero acudió a marchas y protestas para hablar de las dificultades que atravesaba su ciudad, pero las autoridades no actuaron con suficiente rapidez, así que decidió probar algo distinto. Le escribió una carta a alguien que estaba segura de que podría ayudar: el presidente Barack Obama. Nadie, ni siquiera su mamá, creyó que él respondería.

Pues se equivocaron. El presidente no solo respondió la carta, sino que además voló a Flint para ver qué ocurría. Poco después de su viaje, el presidente Obama creó un fondo de cien millones de dólares para resolver la crisis de agua.

Por su parte, Mari no se sentó a esperar a que los adultos arreglaran la situación: ella misma recaudó cientos de miles de dólares para que los niños de la ciudad tuvieran acceso gratuito a botellas de agua y útiles escolares. Después trabajó con una compañía de filtración de agua para fabricar su propio filtro y los donó a familias que los necesitaran.

A pesar de su edad, Mari logró hacer un cambio en el mundo y todavía sigue siendo una defensora que sugiere: «Si no te invitan a sentarte a la mesa, súbete a ella con un megáfono».

NACIÓ EL 6 DE JULIO DE 2007

ESTADOS UNIDOS

NECESITAMOS PROTEGER A LOS SOÑADORES Y A LOS NIÑOS DE LAS REGIONES MÁS VULNERABLES, NECESITAMOS AMOR Y QUE LA GENTE SE PREOCUPE POR SU COMUNIDAD.
MARI COPENY

ILUSTRACIÓN DE
KITT THOMAS

MARIANA PAJÓN

CICLISTA DE BMX

La ciudad de Medellín, Colombia, no fue un lugar seguro durante la infancia de Mariana. Era difícil sentirse a salvo cuando había gente peligrosa peleando en su ciudad. Sin embargo, aunque la vida era algo temible, ella era una niña como cualquier otra: tenía sueños emocionantes y se divertía con su familia.

A los tres años se subió por primera vez a una bicicleta. El viento agitaba su larga melena, haciéndola ondear como una capa. Se sentía muy poderosa al pedalear y hacer que su bicicleta fuera cada vez más rápido, por lo que no tardó en competir en carreras de BMX en su ciudad. Dichas carreras se hacen en una pista de tierra con muchas cuestas y baches, y aunque compiten pocas niñas, ahí estaba ella, ganando una tras otra.

Entró a su primera competencia internacional al cumplir nueve. Estaba muy emocionada mientras esperaba en la línea de salida bajo los rayos del sol, pero también se sentía algo nerviosa por ser la única niña de la carrera. «¿Y si no soy tan rápida como los niños?», se preguntó preocupada. En ese momento dieron el banderazo de salida y comenzó la carrera. En un instante se tragó su temor y arrancó. Pedaleó lo más rápido que pudo. «¡Más rápido, más rápido!», se repetía.

Cruzó volando la meta y se quedó boquiabierta cuando escuchó las porras y los aplausos desde las gradas: había ganado la carrera. Después de todas las dificultades que había sufrido y visto en casa, estaba impactada. ¡Era campeona del mundo!

NACIÓ EL 10 DE OCTUBRE DE 1991

COLOMBIA

SIN IMPORTAR
LO QUE PASE,
ESTOY SEGURA
DE QUE SIEMPRE
DISFRUTARÉ LAS
CARRERAS.
MARIANA PAJÓN
ILUSTRACIÓN DE
ROCÍO CAPUTO

MARINE SERRE

DISEÑADORA DE MODAS

Antes de ser una estrella de las pasarelas, ya lo era en la cancha; en Francia, cuando Marine era niña, jugaba tenis con la esperanza de volverse profesional. Nunca imaginó que se convertiría en diseñadora de modas ni que los deportes le servirían de inspiración para sus diseños, pero así fue.

Se interesó por el arte y la ropa desde adolescente; pasaba horas en tiendas *vintage* revolviendo cajones de bufandas y jeans de segunda mano. Luego empezó a hacer combinaciones inesperadas, como un bonito top de encaje con unos *leggings* deportivos. La inspiración para su estilo la encontró en la vida cotidiana: «Veía a la gente en la calle, a mi mamá, mi abuela, mujeres que me parecían hermosas».

Más tarde estudió moda en la universidad y en 2017 se convirtió en la persona más joven en ganar el preciado Premio para Jóvenes Diseñadores de Modas que otorga la firma LVMH Moët Hennessy – Louis Vuitton. Esto le permitió estrenar su primera colección en la Semana de la Moda de París. Las cámaras disparaban sus flashes mientras las modelos desfilaban por la pasarela luciendo los diseños de Marine, que eran a la vez atléticos y juguetones, como el espectacular *jumpsuit* de licra con un estampado de luna creciente. Además, su ropa, atrevida y novedosa, estaba hecha de materiales reciclados.

Sus atuendos ecológicos no tardaron en llamar la atención de las celebridades; ¡Ariana Grande lució el *jumpsuit* de luna creciente durante su gira! Marine considera que todo el mundo, desde estrellas de pop hasta gente común y corriente, al vestirse deberían pensar en una sola cosa: hay que divertirse.

NACIÓ EL 13 DE DICIEMBRE DE 1991

FRANCIA

ILUSTRACIÓN DE
HAFSA SALOOJEE
CREO QUE DEBERÍA SER
NORMAL RECICLAR, POR
ESO QUIERO HACER QUE
LA GENTE SE INVOLUCRE
EN ELLO.
MARINE SERRE

MARITZA SOTO VÁSQUEZ

ASTRÓNOMA

Había una vez en Chile una niña llamada Maritza que se enamoró del cielo estrellado. Mientras otros niños jugaban al aire libre después de la escuela, ella se acurrucaba en una silla a leer las enciclopedias de sus papás. Antes de las computadoras, estos enormes y pesados libros podían decirle todo lo que quisiera saber; era como si el mundo entero se abriera de par en par frente a ella.

La astronomía era su materia favorita. Se dedicaba a hojear los libros buscando fotografías de planetas, asteroides y lluvias de estrellas; más tarde, levantaba la vista para examinar el cielo negro y aterciopelado, buscando formas que parpadearan en la noche. Ya desde entonces fantaseaba con encontrar un planeta que nadie hubiera visto antes.

Un día, cuando estudiaba el posgrado, tuvo por fin su oportunidad. Llevaba ocho meses observando un sistema solar parecido al nuestro, con planetas, estrellas y rocas que se desplazan por el espacio, cuando se dio cuenta de que había algo distinto, algo que se movía alrededor de una estrella en una órbita circular, igual que la Tierra alrededor del Sol. «¿Qué será eso?», se preguntó. Al mirar por su telescopio, comprendió lo que estaba viendo y se quedó sin aliento: había descubierto un planeta aún más grande que la Tierra, incluso más que Júpiter. Imagínate llenar un tazón con cuatro mil planetas Tierra. ¡Así de grande era este!

Después de años de leer sobre los descubrimientos de otros astrónomos, Maritza al fin había encontrado un planeta. Le emocionaba ver qué hallaría la próxima vez que mirara el cielo estrellado.

NACIÓ EN 1990

CHILE

ILUSTRACIÓN DE
GABY VERDOOREN
NADIE ME DIJO QUE NO
PODÍA HACERLO… PERO
POCAS MUJERES SE
ATREVEN.
MARITZA SOTO VÁSQUEZ

MARLEY DIAS

ACTIVISTA Y ESCRITORA

En un día de otoño de 2015, una niña de diez años de Nueva Jersey se quejó con su mamá: «Todos los libros de la escuela tratan sobre niños blancos y sus perros». Marley se sentía frustrada por lo que sus profesores le pedían que leyera. En cambio, en su casa, sus papás se aseguraban de que su biblioteca estuviera llena de libros con personajes afroamericanos.

«Bueno, ¿y qué piensas hacer?», le preguntó su mamá. Marley ya tenía una idea. Lanzó la campaña #1000BlackGirlBooks (Mil Libros Para Niñas Negras) para reunir en pocos meses mil libros que tuvieran como protagonistas a chicas afroamericanas. Cuando la campaña estaba por terminar, solo había recolectado unos doscientos. Se le acababa el tiempo, pero su mamá la animó a seguir. Marley aprendió que en ocasiones se requerían muchos intentos para ser valiente y hacer cosas buenas por su comunidad. Así que siguió intentándolo, y todo cambió cuando el noticiero local se enteró de su campaña.

La historia se hizo viral y en poco tiempo blogueros, escuelas y millones de personas de todo el mundo querían participar. Así logró recolectar más de trece mil libros.

Su vida se volvió tan emocionante como las historias que devoraba. Dio un discurso en la Casa Blanca y publicó su propio libro. Después se convirtió en presentadora de un programa llamado *El rincón de los cuentos: Voces negras*. Su amor por la lectura había inspirado un movimiento.

¿Su consejo para las chicas? Usen las cosas que les importan como inspiración para hacer un cambio positivo.

NACIÓ EL 3 DE ENERO DE 2005

ESTADOS UNIDOS

LAS HISTORIAS
SOBRE CHICAS
NEGRAS NO
SON SOLO PARA
CHICAS NEGRAS,
SON PARA TODOS.
MARLEY DIAS
ILUSTRACIÓN DE
TAINA LAYLA CUNION

MEGAN JAYNE CRABBE

ACTIVISTA POR LA POSITIVIDAD CORPORAL

A Megan no le gustaba su aspecto cuando era adolescente: quería tener una cintura más pequeña y el vientre plano; deseaba una piel perfecta y cabello largo y abundante. Aunque su familia y amigos le decían que era bonita, ella no les creía. No se consideraba para nada guapa.

Un día entendió por qué se sentía así. Todo lo que la rodeaba, los artículos de revistas, los programas de televisión, las películas y las publicaciones de las redes sociales enviaban un mensaje: les decían a las mujeres de todo el planeta que sus cuerpos no eran lo suficientemente adecuados. La mayoría de las veces estas imágenes ni siquiera eran reales, pues las fotografías estaban editadas y Megan estaba harta de permitir que esas imágenes nada realistas la hicieran sufrir.

«Se acabó, alguien tiene que cambiar esto», decidió. De inmediato abrió una cuenta en Instagram y empezó a subir fotos en las que no escondía su verdadero yo. «Tener acné y pancita no tiene por qué disminuir tu autoestima», le recordó al mundo. «Las personas de cualquier talla, complexión, tono de piel, edad, género y habilidades son hermosas».

La gente empezó a escucharla poco a poco. Compartían sus historias de inseguridad y, al igual que Megan, se unieron a la revolución de positividad corporal. En 2017 escribió su primer libro, y a partir de entonces ha dado conferencias, entrevistas e incluso ha presentado programas de televisión. Gritó su mensaje a los cuatro vientos para que todos la oyeran. Al fin estaba segura de que era hermosa y quería que los demás se dieran cuenta de que también lo son.

NACIÓ EL 20 DE ENERO DE 1993

REINO UNIDO

ILUSTRACIÓN DE
MICHELE MILLER
EN REALIDAD NO IMPORTA
CÓMO TE VES EN LAS
FOTOS, LO QUE IMPORTA
ES QUE ESTÁS AHÍ.
MEGAN JAYNE CRABBE

MIKAILA ULMER

EMPRESARIA

En una semana, dos abejas picaron a Mikaila a los cuatro años; se le hinchó la oreja y le dolía el cuello, y eso le provocó miedo de salir a jugar. Sus papás la animaron a que aprendiera sobre las abejas. Así descubrió que desempeñan un papel muy importante en el ecosistema y que están muriendo a una velocidad alarmante.

En ese entonces buscaba una idea para el concurso de empresas locales en el que se había inscrito. Hasta ese momento solo tenía el interés por las abejas y un libro de cocina (hecho jirones) de su bisabuela Helen que acababa de recibir por correo. Con cuidado, pasó las páginas hasta que dio con una receta de limonada con semillas de linaza. «Endulzar al gusto», decía. De pronto, una idea zumbó en su mente. «¡Un puesto de limonada casera endulzada con miel!».

Sus nuevos conocimientos fueron perfectos para romper el hielo con sus clientes. «¿Sabías que a las abejas les apestan los pies?», les preguntaba. Sus clientes y ella compartieron todo tipo de datos curiosos sobre estos insectos, como la forma en que polinizan las flores y fertilizan otras plantas.

Estos concursos abrieron el camino para que Mikaila fuera a un programa de televisión para nuevos empresarios. Tras escucharla, un inversionista le ofreció sesenta mil dólares para ayudarla a ampliar el negocio. La marca de Mikaila, Me & the Bees Lemonade tiene ahora cinco sabores y se vende en más de mil ochocientos establecimientos. Ayuda a las organizaciones dedicadas a la conservación de las abejas donándoles parte de las ganancias por cada botella que vende.

NACIÓ EL 28 DE SEPTIEMBRE DE 2004

ESTADOS UNIDOS

SI TODOS SALIMOS AL MUNDO Y NOS FIJAMOS EN LAS POSIBILIDADES EN VEZ DE EN LOS PROBLEMAS, ESTOY SEGURA DE QUE EL FUTURO SERÁ MUCHO MÁS PROMETEDOR.

MIKAILA ULMER

ILUSTRACIÓN DE RONIQUE ELLIS

MILENA RADOYTSEVA

ACTIVISTA ANTIACOSO

Había una vez una niña que creía en la bondad. Milena estaba en un chat grupal cuando se dio cuenta de que había niños haciéndoles comentarios crueles a otro y no supo cómo detenerlos. «Empezó como una broma y solo me quedé sentada viendo», recuerda. «Pero ya no más», se prometió.

Milena se interesó en el activismo en contra de los acosadores. Sabía que ellos suelen tener sus propios conflictos, así que decidió valerse de la compasión para llegar a esos niños que desquitan sus frustraciones con los demás a través de internet.

Entró a un grupo de jóvenes llamado Safer Internet Center (Centro de Internet Seguro) o SafeNet. Era muy buena comunicadora y, además de hablar búlgaro, su idioma natal, sabía inglés y alemán, de modo que usó sus habilidades lingüísticas y como narradora para ayudar a SafeNet a idear campañas dirigidas a los acosadores en línea. En un video, un ciberacosador ve a su hermanita dibujarlo como superhéroe, y cuando se da cuenta de que no se ha comportado así en lo más mínimo, decide cambiar la forma en que maneja su ira.

Milena sabe que es una batalla muy complicada. «Internet nunca será ese lugar ideal, feliz y con un arcoíris», señala; sin embargo, cree que puede volverse mucho más seguro para los más pequeños.

Ahora difunde su mensaje de comprensión y respeto a través de conferencias, videos y entrevistas. «Quiero hablar de lo que necesita hablarse», asegura. Sabe que nunca volverá a quedarse callada.

NACIÓ EL 8 DE ENERO DE 2004

BULGARIA

ILUSTRACIÓN DE
PHOEBE FALCONER
TODOS LLEVAMOS UN HÉROE
POR DENTRO, SOLO ES
CUESTIÓN DE ENCONTRAR
NUESTRA ESENCIA.
MILENA RADOYTSEVA

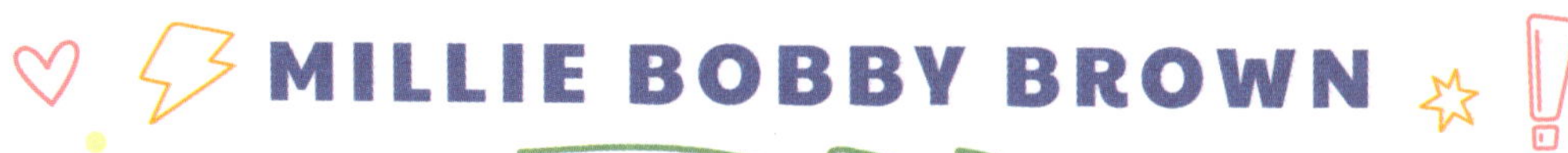

MILLIE BOBBY BROWN

ACTRIZ Y DEFENSORA DE LOS DERECHOS DE LOS NIÑOS

Había una vez una niña llamada Millie que encontró su vocación en la televisión. Le gustaban las películas románticas y los musicales, así que pasaba horas memorizando los diálogos de sus escenas favoritas para practicar actuación y canto. Una de sus ídolos era la actriz Audrey Hepburn, a quien admiraba por su talento y sus obras de caridad en favor de los niños de todo el mundo.

Estaba decidida a hacer realidad su sueño, a pesar de que otros niños trataron de doblegar su espíritu. Incluso había un grupo de estudiantes que la molestaba, y la situación se agravó tanto que decidió cambiarse de escuela.

Con el apoyo de su familia siguió persiguiendo su sueño de ser actriz. «Cuando encuentro algo que quiero hacer, nadie me detiene», afirma. Por eso acudió a infinidad de audiciones y siguió diciéndose que algún día lo lograría. A los once años tuvo su primera oportunidad en la serie *Stranger Things*; interpretó a Eleven (Once), una niña con muchos problemas y poderes sobrenaturales. Durante la audición, su tenacidad le dio una ventaja. Inventó en el acto la mirada característica de su personaje: ojos entrecerrados, cejas inclinadas formando una marcada V y la barbilla contraída. Esa mirada asusta al instante al que se atreva a cruzarse con Once.

Después consiguió otro papel de ensueño: embajadora de buena voluntad de la Unicef, ¡la más joven de la historia! Igual que Audrey Hepburn, viaja por el mundo para hablar en favor de los niños que sufren acoso, violencia y pobreza. Millie sigue siendo fiel a sí misma y así ha pasado de admirar a las estrellas para convertirse en una.

NACIÓ EL 19 DE FEBRERO DE 2004

REINO UNIDO

LOS JÓVENES NO BUSCAMOS QUE HABLEN DE NOSOTROS. QUEREMOS SER LOS QUE HABLAN.
MILLIE BOBBY BROWN
ILUSTRACIÓN DE
MARELLA MOON ALBANESE

MO'NE DAVIS

BEISBOLISTA

Una nublada tarde de viernes, en la Serie Mundial de Ligas Pequeñas de Beisbol, Mo'ne subió al montículo. Sus largas trenzas le llegaban a la cintura. Se acomodó la gorra color guinda, respiró profundo y lanzó la pelota con todas sus fuerzas. El bateador se quedó congelado: primer *strike*. Se preparó de nuevo y lanzó otra bola rápida: segundo *strike*. Lanzó una más: tercer *strike*. Luego ponchó al siguiente bateador y al que seguía después de él.

En seis entradas ponchó a ocho bateadores, con lo cual se convirtió en la primera niña de la Serie Mundial de Ligas Pequeñas en lanzar un juego perfecto. ¡Su bola rápida de más de cien kilómetros por hora era imparable! Todo el mundo sabía su nombre de la noche a la mañana. Apareció en la portada de *Sports Illustrated* y ganó el premio a Mejor Atleta Revelación del Año. Hasta el presidente Obama la invitó a la Casa Blanca.

Sin embargo, antes de todos esos elogios y palabras amables, hubo mucha gente que no creyó en ella. La primera vez que entró en el campo para un partido de Ligas Pequeñas, escuchó a los chicos del otro equipo burlarse de ella: decían que sería una victoria fácil porque era niña. Hasta los adultos se reían. Mo'ne no dijo nada y dejó que sus lanzamientos hablaran por ella. «Cuando me vieron enfrentarme al primer bateador, se quedaron pasmados», recuerda.

La seguridad que tiene en sí misma y sus espectaculares bolas rápidas llevaron a su equipo a la Serie Mundial. Mo'ne hizo historia en el beisbol y le recordó a todo el mundo el verdadero poder de «lanzar como niña».

NACIÓ EL 24 DE JUNIO DE 2001

ESTADOS UNIDOS

NO IMPORTA QUE
SEA NIÑA. SEGUÍ
MEJORANDO Y EL
JUEGO TAMBIÉN.
MO'NE DAVIS
ILUSTRACIÓN DE
TONI D. CHAMBERS

MOMOKO NOJO

ACTIVISTA

Momoko se emocionó muchísimo al enterarse de que Japón iba a organizar los Juegos Olímpicos de 2020 en Tokio. Sabía que este gigantesco evento internacional pasaría a la historia. Sin embargo, se decepcionó cuando nombraron presidente del Comité Organizador a un hombre de setenta y tantos años. «Los puestos importantes de este tipo siempre se los dan a hombres mayores», pensó. El gobierno suele ignorar a la gente joven, en especial a las mujeres.

Antes de que empezaran los juegos, el recién nombrado presidente dijo algo espantoso y sexista: «Las reuniones en las que participan mujeres nunca terminan porque hablan demasiado».

Momoko no lo podía creer, así que corrió a su computadora y empezó una campaña en redes sociales: #DontBeSilent (No Te Calles). Además, redactó una petición exigiendo que se tomaran medidas contra el presidente del comité. En menos de dos semanas la firmaron ciento cincuenta mil personas; quedaba claro que esta joven no era la única que sabía que su declaración estaba fuera de lugar. Fue así como la petición y la campaña #DontBeSilent lo presionaron para renunciar a su puesto.

Momoko estaba muy emocionada y se entusiasmó aún más cuando supo que el cargo lo ocuparía una mujer, una atleta que había competido en siete Juegos Olímpicos.

«Si alzas la voz y consigues el apoyo que necesitas, definitivamente puedes lograr una diferencia». Momoko planea seguir levantando la voz contra lo que sabe que está mal y quiere que toda la gente joven de Japón se le una.

NACIÓ EL 17 DE MARZO DE 1998

JAPÓN

NO QUIERO QUE LA PRÓXIMA GENERACIÓN PIERDA EL TIEMPO CON ESTE PROBLEMA.
MOMOKO NOJO
ILUSTRACIÓN DE YIYI CHEN

MONTANNAH KENNEY

MONTAÑISTA

Montannah y su mamá siempre fueron un gran equipo; su conexión se hizo más fuerte cuando la niña de siete años se propuso escalar hasta la cima del Monte Kilimanjaro, la montaña más alta de África. La idea de lanzarse a la aventura con su mamá era muy emocionante y, como explicó después: «Quería estar más cerca de mi papá», quien falleció cuando ella tenía tres años, pero siempre sintió que la cuidaba.

Sabía que subir sería un reto, así que entrenó durante meses. Su mamá tuvo que conseguir un permiso especial y contrató un equipo que las acompañara para mantenerlas a salvo.

Por fin llegó el primer día de la escalada. Montannah, su mamá y los guías se abrigaron y empezaron a subir. Durante más de una semana treparon por las rocas y atravesaron la lluvia, la niebla y la nieve, y aunque a veces Montannah no podía distinguir entre un precipicio o una nube, llegó a la cumbre. Parada sobre la cima de la montaña, con el viento helado silbando a su alrededor, se sintió orgullosa y feliz: había batido un récord mundial y ahora era la niña de menor edad en alcanzar la cima del Kilimanjaro. Desde ahí le lanzó besos a su padre.

Pero no se trató de una excursión nada más: ella y su mamá la utilizaron para recaudar fondos para pacientes de la terapia de desensibilización y reprocesamiento mediante movimientos oculares (DRMO), que se usa para tratar el trastorno por estrés postraumático (TEPT). Su papá estaba siguiendo ese tratamiento antes de morir y ahora Montannah quería ayudar a otros a lograr sus propias grandes hazañas.

NACIÓ EN MAYO DE 2010

ESTADOS UNIDOS

LE MANDÉ BESOS A MI PAPÁ PARA
QUE SUPIERA QUE ESTABA AHÍ.
MONTANNAH KENNEY
ILUSTRACIÓN DE
ZUZA KAMIŃSKA

NALLELI COBO

ACTIVISTA AMBIENTAL

Nalleli tenía nueve años cuando empezó a percibir que un extraño olor a guayaba recorría las calles de su vecindario. Poco después se enfermó, al igual que muchas otras personas de su comunidad. Cuando le preguntó a su mamá el porqué de ese olor, se enteró de que se debía a su vecino de enfrente: un enorme pozo petrolero. Estaban perforando más que nunca y usaban el aroma a guayaba para enmascarar las toxinas venenosas que contaminaban el aire. ¿Cómo podía estar sucediendo esto en plena ciudad de Los Ángeles? Necesitaba respuestas.

Nalleli y su mamá se unieron para organizar a su comunidad en contra de la empresa petrolera. Así, fueron de puerta en puerta convocando a sus vecinos a sumarse a una campaña llamada People Not Pozos (Personas, No Pozos).

Aunque era joven, Nalleli habló en las reuniones municipales y del ayuntamiento en nombre de su vecindario. Incluso se dirigió al papa en un discurso a los trece años. La gente y los políticos de todo el país se enteraron. Por fin, después de todo su esfuerzo, la pequeña activista recibió respuesta: se cerraría el sitio de perforación petrolera y su barrio volvería a ser un lugar seguro para respirar.

Sin embargo, sabe que debe seguir alerta. Ahora trabaja con Stand Together Against Neighborhood Drilling (Asociación contra las Perforaciones en el Vecindario) y fundó una organización llamada South Central Youth Leadership Coalition (Coalición de Jóvenes Líderes del Centro Sur). «La justicia ambiental es poder respirar aire limpio sin importar edad, género, raza, estatus socioeconómico o código postal», afirma.

NACIÓ EL 19 DE DICIEMBRE DE 2000

ESTADOS UNIDOS

ILUSTRACIÓN DE SARA CANSINO

NAOMI WADLER

ACTIVISTA

Había una vez una niña que pasó de ver las noticias a ser parte de ellas. Mientras Naomi hacía la tarea y los deberes de casa, sus padres siempre prendían la televisión y ponían los noticieros. Por eso, cuando en 2018 se dio a conocer la historia de un tiroteo en una preparatoria de Parkland, Florida, ella pudo ver todo indignada y asustada. También vio que había jóvenes de secundaria y preparatoria protestando por todo el país contra la violencia por armas de fuego. Entonces se prometió que haría algo más que solo mirar.

Ella y su mejor amiga intercambiaron ideas sobre cómo hacerse escuchar y decidieron organizar una manifestación. Un día, Naomi y sesenta de sus compañeros dejaron sus pupitres y salieron marchando de la escuela. Luego permanecieron juntos y en silencio para rendir homenaje a las víctimas de la violencia por armas de fuego. En poco tiempo la protesta llamó la atención de un movimiento nacional, y quien organizaba la Marcha por Nuestras Vidas en Washington, D. C., contactó a la joven activista para que hablara frente a la multitud.

Naomi habló de corazón sobre el impacto de la violencia en todo el país, a pesar de que algunas historias no reciben la misma atención. «Hoy estoy aquí para reconocer y representar a las niñas afroamericanas cuyas historias no llegan a las primeras planas de los periódicos nacionales», explicó. No esperaba conseguir la respuesta que obtuvo. Escuchó que el público la ovacionaba y supo que había inspirado a miles de personas que la veían desde sus casas. La pequeña niña que solía sentarse solo a ver, ahora estaba en acción.

NACIÓ EL 16 DE OCTUBRE DE 2006

ETIOPÍA Y ESTADOS UNIDOS

ILUSTRACIÓN DE
NOA DENMON

CUANDO NOS RESPETAMOS A NOSOTROS MISMOS, PODEMOS TRATAR CON AMOR A NUESTRO CUERPO Y A NUESTRA MENTE. ES ENTONCES CUANDO NUESTRA MAGIA ES MÁS PODEROSA.

NAOMI WADLER

NORA AL MATROOSHI

ASTRONAUTA

El sueño de Nora de convertirse en astronauta empezó en el jardín de niños. Un día, su profesora repartió material para hacer manualidades y les dijo a sus alumnos que hicieran cascos y mochilas para su misión a la Luna; luego montó una tienda de campaña en el centro del salón: esa sería la nave espacial.

Los niños se metieron gateando. Nora apretó los ojos, casi podía sentir el estruendo que hacía su nave espacial de mentiras mientras despegaban. Había pasado toda su vida en los Emiratos Árabes Unidos y nunca había ido a la Luna. ¿Cómo sería?

Cuando salió de la tienda de campaña, el salón se había transformado por completo: estaba muy oscuro y todo estaba cubierto por pedazos de tela gris que representaban la superficie rocosa de la Luna. Nora estaba fascinada, y supo en ese momento que cuando creciera, iría a la Luna de verdad.

Después de estudiar ingeniería mecánica en la universidad, comenzó su entrenamiento como astronauta, el cual estuvo lleno de pruebas, tanto físicas como mentales. Como parte del proceso, la entrevistó una comisión que incluía a dos hombres astronautas provenientes de su país natal y a dos mujeres astronautas. Esa oportunidad de hablar con las personas a las que más admiraba fue tan emocionante como estresante.

Cuando recibió la noticia de que la habían seleccionado, estaba encantada. ¡Sería la primera mujer astronauta árabe! Por fin estaba a punto de lograr lo que se propuso aquel día en el jardín de niños: pisar la Luna de verdad.

CIRCA 1993

EMIRATOS ÁRABES UNIDOS

ILUSTRACIÓN DE
MALIHA ABIDI
SI NO ENCUENTRAS
[OPORTUNIDADES], CRÉALAS.
NORA AL MATROOSHI

PUISAND LAI

BASQUETBOLISTA EN SILLA DE RUEDAS

Puisand siempre había soñado con ser atleta. De pequeña, estaba constantemente en movimiento; no paraba de correr, competir y ganar. Sin embargo, cuando cumplió seis años, recibió una noticia que cambiaría su vida: le diagnosticaron una rara enfermedad nerviosa y tenía que empezar a usar silla de ruedas. Muchos pensaron que sus sueños de ser atleta se habían esfumado, pero no había manera de que renunciara a ellos.

Se apuntó a un curso de tenis para silla de ruedas a los trece años, quería hacer amigos y aprender a jugar. Descubrió con sorpresa y orgullo que tenía más talento del que creía, pues podía pegarle a la pelota con fuerza y desplazarse por la cancha más rápido que nadie.

Apenas un año después, se fue a un campamento de tenis para personas en silla de ruedas, en donde pudo practicar sus pivotes, *swings* y saques. En 2017 ya figuraba como séptima en la clasificación de la Federación Internacional de Tenis para chicas en silla de ruedas. Pero ¿un solo deporte sería suficiente? ¡No para ella! Así que se propuso convertirse en una superestrella de los deportes.

Empezó a jugar basquetbol en silla de ruedas, y aprendió tan pronto que no tardaron en reclutarla para el equipo de Ontario. Ganó la medalla de oro en los Juegos de Invierno de Ontario 2017 y compitió en el Campeonato Mundial de Basquetbol en Silla de Ruedas de 2018 como parte del equipo nacional femenil de Canadá.

En 2021, uno de sus más grandes sueños se volvió realidad: compitió en los Juegos Paralímpicos en Tokio.

NACIÓ EL 29 DE JULIO DE 2000

CANADÁ

ILUSTRACIÓN DE
VIVIENNE SHAO
EL BASQUETBOL ME HA DADO
LA OPORTUNIDAD DE VER EL
MUNDO Y DE VIAJAR A TODOS
LOS LUGARES QUE NO CONOCÍA.
PUISAND LAI

QUAN HONGCHAN

CLAVADISTA

Hongchan creció en un pequeño pueblo de la provincia de Guangdong, China, donde sus padres eran campesinos. No ganaban mucho, así que ella y sus cuatro hermanos nunca podían ir a lugares emocionantes como el parque de diversiones o el zoológico.

Un día, la pequeña jugaba avioncito con sus amigos cuando un exclavadista, entrenador de una escuela deportiva, notó algo especial en ella: su cuerpo era pequeño, pero saltaba distancias largas, como un elegante leopardo de las nieves. Entonces el entrenador pidió permiso a sus padres para entrenarla como clavadista.

Hongchan pasó años perfeccionando sus saltos carpados, encogidos y con tirabuzón. A los catorce años fue a los Juegos Olímpicos; en aquel momento su mamá estaba enferma y la joven sabía que su participación significaba mucho para su familia. El público vio a esta chica menuda subirse a la plataforma de diez metros (el largo de un autobús). Con calma, se apoyó en la plataforma, elevó las piernas para pararse de manos, se lanzó al aire y dio un doble mortal con tirabuzón y medio antes de hundirse en el agua. El público gritaba de emoción. Sus cuatro clavados siguientes fueron igual de impresionantes, por lo que logró dos dieces perfectos y se convirtió en la medallista de oro más joven de los Juegos Olímpicos de Tokio.

En China todos estaban orgullosos de ella, incluso el hospital atendió a su madre de forma gratuita. Para homenajearla, un parque de diversiones de Guangdong les regaló suscripciones a todos los clavadistas del equipo chino. Hongchan no podía esperar más para empaparse de diversión.

NACIÓ EL 28 DE MARZO DE 2007

CHINA

ILUSTRACIÓN DE
WEITONG MAI
NO ES TALENTO,
LES PONGO TODA
MI ATENCIÓN A LOS
CLAVADOS Y TRABAJO
DURO EN CADA
ENTRENAMIENTO.
LO MEJOR QUE
PUEDO HACER ES
ESFORZARME.
QUAN HONGCHAN

RAYOUF ALHUMEDHI

ACTIVISTA Y DISEÑADORA

Rayouf tenía amigos en distintas partes del mundo, pues antes de mudarse a Alemania vivió en Arabia Saudita con su familia. Todo el tiempo texteaba con sus amigos de ambos países, sobre la escuela, las noticias o las esperanzas y los sueños que tenía para el futuro.

Un día, ella y sus amigos estaban creando un nuevo chat grupal cuando Rayouf se dio cuenta de que todos tenían un emoji al que se parecían, menos ella. Como toda musulmana, usaba un **hiyab** que le cubría el cabello y el cuello como símbolo de su fe. Tenía de todos los colores y materiales, pero ninguno de los dibujitos en su celular llevaba uno.

«No entiendo cómo puede no haber un emoji que nos represente a mí y a los millones de mujeres que usamos hiyab por todo el mundo», reflexionó. No tenía sentido.

Siguió dándole vueltas al asunto. No siempre le gustaba cómo la trataban cuando lo usaba en público, y con frecuencia le molestaba cómo se representaba en el cine y la televisión a las chicas como ella. «Tal vez», pensó, «la gente necesita vernos más a menudo».

Por eso diseñó un emoji con hiyab y redactó un texto explicando por qué era importante. Después les presentó su idea a empresas de computación y tecnología. Su propuesta, sencilla e ingeniosa, ardió con fuerza; al poco tiempo empezó a responder llamadas de los periódicos en medio de sus clases de preparatoria. Cerca de un año después de presentarlo, el emoji salió a la luz. Ahora, cuando está en algún chat grupal, Rayouf puede escoger un símbolo que se parece a ella, uno que ella misma diseñó.

NACIÓ EL 30 DE MARZO DE 2001

ARABIA SAUDITA Y ALEMANIA

ILUSTRACIÓN DE
MAEDEH MOSAVERZADEH
LA REPRESENTACIÓN
ES UNA CAUSA QUE
SIEMPRE DEFENDERÉ.
RAYOUF ALHUMEDHI

RAYSSA LEAL

PATINADORA

Había una vez en Brasil una niña llamada Rayssa, cuyo amor por la patineta la elevó hasta lo más alto. En los parques solo veía niños patinando, pero estaba bien; ella era feliz recorriendo el mundo a toda velocidad sobre una tabla con cuatro ruedas. Así, se lanzaba por las estructuras de medio tubo, se deslizaba por los barandales y aprendía todos los trucos y saltos que podía. Para ella, patinar era como volar. «¿Y si de verdad pudiera volar?», se preguntaba.

Así que un día, a los siete años, se puso un disfraz de hada de color azul brillante, con alas y todo. El traje la hacía invencible. Era la forma perfecta de aprender uno de los trucos más difíciles en patineta: el *heel flip*.

Tenía que patinar hacia la parte alta de una escalera y lanzarse por los aires con suficiente fuerza para girar la patineta bajo sus pies; luego debía aterrizar sobre su tabla al final de la escalera. Lo intentó varias veces mientras un amigo la grababa, pero el aterrizaje no le salía.

A punto de rendirse y regresar a su casa, decidió intentarlo una última vez: sabía que podía lograrlo. En esta ocasión saltó más alto que nunca, y así, cuando levantó las rodillas, su patineta giró debajo de ella. Libró las escaleras y aterrizó sobre la tabla. Sonrió de oreja a oreja mientras sus amigos la aclamaban. Más tarde, miles de personas vieron su video, y tan solo unos años después voló hasta Tokio y se convirtió en la medallista olímpica brasileña más joven de la historia.

NACIÓ EL 4 DE ENERO DE 2008

BRASIL

QUIERO QUE OTRAS NIÑAS TENGAN LA MISMA OPORTUNIDAD QUE YO DE REALIZAR SUS SUEÑOS Y LOGRAR LA VIDA QUE QUIEREN A TRAVÉS DEL DEPORTE.
RAYSSA LEAL
ILUSTRACIÓN DE PAULA ZORITE

REBECCA ROOS JENSEN

PILOTO

Cuando era niña, a Rebecca le aterraba volar; apenas se sentaba dentro de un avión, comenzaban a sudarle las manos y sentía que iba a vomitar. Salir de Dinamarca para ir de vacaciones con su familia era muy divertido, pero siempre temía el viaje en avión; le parecía imposible que una caja gigante de metal pudiera permanecer en el aire durante cientos de kilómetros.

A los dieciséis años decidió vencer su miedo. Se le ocurrió que, si le asustaba ser un pasajero de avión, quizá tendría mejor suerte como piloto. «Siempre me ha gustado tener el control», comenta.

Se inscribió a clases de vuelo y estudió la parte teórica todas las noches, hasta que llegó el día en que tuvo que subirse por primera vez a la cabina de un avión de dos plazas. La pista era larga e intimidante, pero ella se había preparado. Respiró profundo y dijo por el comunicador: «Listos para el despegue». El avión se deslizó por la pista, acelerando cada vez más, hasta que alcanzó la velocidad para despegar. Y entonces se elevó. «Conque así se siente pilotear un avión», pensó. ¡Qué sensación tan increíble! Poco a poco vio cómo las casas y los árboles se hacían cada vez más pequeños debajo de ella.

Después de cuarenta y cinco horas de lecciones de vuelo y un examen de piloto, Rebecca recibió aquello por lo que se había esforzado tanto: su licencia de piloto privado. Fue así como se convirtió en la mujer piloto más joven de Dinamarca. Y pensar que, tras años de temerle a volar, ahora es su más grande alegría. «Hay cosas que uno tiene que superar», señala.

NACIÓ EL 19 DE AGOSTO DE 2001

DINAMARCA

ILUSTRACIÓN DE
GRACE LANKSBURY

CUANDO VUELAS, NECESITAS TODA TU CONCENTRACIÓN, ASÍ QUE SE TE OLVIDAN TODAS LAS COSAS DE LA VIDA DIARIA.

REBECCA ROOS JENSEN

RENATA FLORES

CANTAUTORA

Había una vez una niña llamada Renata que vivía en Ayacucho, Perú. Rodeada de altas montañas que llegaban hasta las nubes, la ciudad estaba llena de antiguas ruinas de tribus **indígenas** que habían vivido ahí durante miles de años. La pequeña creció inmersa en la historia de sus ancestros, escuchando a sus abuelos hablar una lengua que no entendía.

Esa lengua era el quechua, también conocida como runasimi. Muchas otras familias indígenas de la zona la conocían, pero no se la enseñaban a las nuevas generaciones. No obstante, Renata se sentía conectada con su linaje y quería preservar la lengua, así que decidió aprenderla.

Sus abuelas la ayudaron y le enseñaron a pronunciar correctamente las palabras; también tomó clases para ayudarse a hablar con confianza. En poco tiempo no solo hablaba en quechua, sino que también cantaba. Así pues, se le ocurrió una idea grandiosa: tal vez la forma de preservar la lengua de sus antepasados era a través de la música.

A los catorce años se grabó cantando «*The Way You Make Me Feel*», de Michael Jackson, solo que en su versión la letra estaba toda en quechua. Millones de personas vieron el video, fascinadas por la voz de Renata. Además, muchos se animaron a recuperar y enorgullecerse de las lenguas que sus familias habían perdido.

Ahora ella lanza sus propias canciones originales. Como un puente lírico entre el pasado y el futuro, canta sobre los derechos de las personas indígenas y las mujeres revolucionarias quechuas que vivieron antes que ella.

NACIÓ EL 20 DE MARZO DE 2001

PERÚ

HAY MUCHAS OTRAS LENGUAS INDÍGENAS QUE DEBEMOS SALVAR. SIENTO QUE APENAS EMPEZAMOS A CONOCERNOS Y A ACEPTARNOS. DEBEMOS SENTIRNOS ORGULLOSOS Y ACTUAR.
RENATA FLORES
Kallpa
ILUSTRACIÓN DE TAMIKI

RESHMA KOSARAJU

INVENTORA Y CIENTÍFICA INFORMÁTICA

Reshma estaba cansada de vivir las consecuencias de los incendios forestales de California, su estado natal. El humo le picaba los ojos y se le quedaba en el cabello; también le costaba trabajo respirar, así que no podía jugar al aire libre. A pesar de todo, sabía que era afortunada pues muchas personas tenían que evacuar y algunas incluso perdían sus casas.

Quería encontrar la forma de ayudar. Cierta vez había oído hablar de la inteligencia artificial, algo que la gente programaba en su computadora para predecir cosas como el clima. Eso le dio una gran idea: «Quería investigar si podía descubrir una forma de predecir los incendios antes de que ocurrieran, lo cual salvaría vidas, dinero y al medio ambiente», explica.

Solo que había un problema: no sabía cómo crear algo así. «Bueno, supongo que tengo mucho que aprender», pensó.

Pasó tres años estudiando inteligencia artificial. Luego revisó todos los factores que podían provocar un incendio. ¿El área es húmeda o hay mucho viento? ¿El suelo es demasiado seco? ¿Mucha gente acampa en los alrededores? Le enseñó a su computadora a considerar todo esto. Cuando terminó, su programa le decía cuándo y dónde podían empezar los incendios forestales. Con ese modelo ganó el Premio Infantil del Clima.

Ahora Reshma quiere diseñar una aplicación que avise a la gente si se acerca un incendio. De esa manera, los bomberos tendrán mayor oportunidad de mantener las llamas bajo control y los niños de todo el país sabrán cuándo es seguro jugar al aire libre.

CIRCA 2006

ESTADOS UNIDOS

LA VALIDACIÓN DE LA COMUNIDAD CIENTÍFICA Y DEL PÚBLICO EN GENERAL ME HA DADO LA CONFIANZA QUE NECESITO PARA SEGUIR ADELANTE.
RESHMA KOSARAJU

ILUSTRACIÓN DE AVANI DWIVEDI

RIYA KARUMANCHI

INVENTORA Y EMPRESARIA

Cuando Riya visitó a una amiga se dio cuenta de que su abuela no paraba de chocar con las cosas. Tenía deficiencia visual y su bastón parecía de otro siglo. ¡Era un simple palo! «¿Acaso la abuela de mi amiga —y toda la gente con problemas visuales— no merece disfrutar de los avances del diseño y la tecnología?», se preguntó.

Ya era hora de crear un bastón más inteligente. Por eso, como proyecto para la feria de ciencias de la escuela, trabajó con una amiga en el **prototipo** de un bastón con sensor que permitiera a la gente con deficiencias visuales «ver» objetos por encima de la rodilla. ¡Ganaron el primer lugar con su SmartCane! (o Bastón Inteligente).

Pero para ella, el SmartCane no era solo un proyecto para la feria de ciencias. Siguió mejorándolo y lo llevó a los ***hackatones***, donde aprendió a programar y desarrollar aún más la tecnología del bastón. Le añadió nuevas funciones, por ejemplo, un GPS que vibraba para dar indicaciones: un zumbido para la izquierda, dos para la derecha. Incluso estudió administración de empresas para convertirlo en un producto disponible en el mercado. Las empresas de tecnología estaban tan impresionadas con su trabajo y creatividad que invirtieron miles de dólares en su proyecto.

«¿Qué se siente ser una joven inventora?», le preguntaron. «Vivimos en una de las mejores épocas de la historia para crear y dedicarnos a lo que nos apasiona», respondió, «y hay más recursos que nunca para lograrlo». Nada debería impedir a los niños trabajar en sus grandes ideas. «Lo peor que puede pasar es que aprendas», concluyó con brillo en los ojos.

CIRCA 2003

CANADÁ

PUEDE QUE A LA GENTE NO SIEMPRE LE GUSTE TU IDEA. TIENES QUE LUCHAR POR ELLA Y DEDICARLE TIEMPO Y ESFUERZO. ESO ES LO QUE TE LLEVARÁ LEJOS.
RIYA KARUMANCHI
ILUSTRACIÓN DE AVANI DWIVEDI
OK

ROBABA MOHAMMADI

PINTORA

Había una vez una niña que desafió todas las expectativas. Robaba soñaba con ser artista, pero mucha gente pensaba que no podría pintar porque había nacido con una discapacidad: tenía parálisis en las manos y los pies. A pesar de todo, creía ser capaz de lograr su meta.

Como no podía sostener un lápiz con la mano, su papá la animó a que lo intentara con la boca. Al principio era complicado, pero siguió esforzándose; empezó por perfeccionar el trazo de una línea recta y luego pasó a formas más complejas. Después un amigo le regaló un libro de arte con el que aprendió técnicas como el sombreado y la perspectiva. Así empezó a pintar y a dibujar retratos realistas de personas. En pocos años creó doscientas obras de arte. «Mis cuadros son principalmente sobre mujeres afganas, el poder femenino y la belleza de las mujeres», explica.

Estaba muy orgullosa de su trabajo y quería compartir la alegría de la creatividad con otras personas, así que empezó a dar clases de pintura en su casa. Todos eran bienvenidos.

Se corrió la voz sobre las clases y en muy poco tiempo pudo abrir un centro de arte, donde enseña a estudiantes con todo tipo de capacidades cómo crear sus propias obras maestras. En un futuro espera ampliar su centro para ofrecer clases de alfabetización para personas con alguna discapacidad.

Robaba sabe que las niñas afganas enfrentan situaciones muy difíciles y aún más las niñas con discapacidades, así que piensa seguir luchando para que ellas también puedan alcanzar sus metas.

NACIÓ EL 30 DE SEPTIEMBRE DE 2000

AFGANISTÁN

QUIERO EXPRESAR MIS SUEÑOS, MIS SENTIMIENTOS Y MI MUNDO A TRAVÉS DE LA PINTURA.
ROBABA MOHAMMADI

ILUSTRACIÓN DE
ZAHRA SOLTANIAN
(SHIISSO)

RUBY KATE CHITSEY

FILÁNTROPA

Había una vez una niña de diez años que se convirtió en hada madrina, pero en vez de una varita mágica y polvo de hadas, Ruby Kate usaba una libreta y su espíritu emprendedor para llevar alegría a la gente.

Como su mamá era enfermera, la pequeña creció haciendo servicio voluntario en casas de asistencia para adultos mayores. Un día, mientras ayudaba a su mamá, se fijó en una residente llamada Pearl que miraba por la ventana con cara de disgusto, pues no podía tener a su perro ahí y no sabía cuándo volvería a ver a su querida mascota.

«¿Por qué?», le preguntó a Pearl, y ella le explicó que era costoso tener a alguien que la cuidara y la llevara a visitarla; no podía pagarlo.

Esto le rompió el corazón. Luego habló con otros residentes y escuchó historias parecidas: muchas de las personas que vivían en las casas de retiro no tenían acceso a las cosas que antes disfrutaban. Entonces puso manos a la obra. Sacó su libreta y les pidió que le dijeran las tres cosas que más deseaban y sus respuestas fueron desde ropa nueva, postres de chocolate y, claro, provisiones para sus amigos peludos. Con el apoyo de la comunidad, esta joven filántropa empezó a concederles sus deseos y ello le ganó el título de hada madrina.

Poco después fundó una organización, Three Wishes for Ruby's Residents (Tres Deseos para los Residentes de Ruby), y desde entonces ha concedido más de veinticinco mil deseos. A los catorce años amplió su programa para incluir un equipo de jóvenes que la ayudan a cumplir sueños. Como lo que más le gusta es hacer voluntariado, anima a otras personas a que sigan sus pasos.

NACIÓ EL 11 DE OCTUBRE DE 2007

ESTADOS UNIDOS

EMPECÉ CON ALGO PEQUEÑO Y TRABAJÉ MUCHO PARA LLEGAR A MI META. SOY MUY DECIDIDA.
RUBY KATE CHITSEY
ILUSTRACIÓN DE JIALEI SUN

SADIQUA BYNUM

GIMNASTA Y DOBLE DE CINE

Había una vez una niña de dos años que aprendió a dar volteretas que luego la llevarían a Hollywood. Bajo brillantes luces fluorescentes, Sadiqua perfeccionó dar marometas en la colchoneta, saltar en la barra de equilibrio y balancearse en las barras asimétricas. Cuando cumplió quince años ya entrenaba a otros niños.

Una vez en la Universidad de California en Los Ángeles (UCLA), ejecutaba rutinas de piso al son de canciones pop, con una gran sonrisa y los pies cubiertos de polvo blanco. El público aplaudía al ritmo de la música y esperaba con impaciencia sus siguientes movimientos; entonces su uniforme azul brillaba mientras saltaba desde el suelo para elevarse por los aires. Cuando se graduó, esta gimnasta clasificada a nivel nacional había recibido tres veces el título de All-American, un título reservado para las mejores gimnastas.

Sin embargo, su más atrevido salto de fe sería convertirse en una de las dobles de cine más jóvenes de Hollywood. Cuando un personaje tiene que hacer una escena de acción, a veces un doble toma su lugar. Y a veces ese doble es Sadiqua, que es capaz de montar a caballo y en moto, o de realizar escenas de lucha en las que despliega toda su destreza gimnástica.

Pero no es tan fácil como ella lo hace ver en la gran pantalla. «A veces es muy glamoroso», comenta, «pero a veces también hay moretones, rasguños y cortadas». A pesar de todo, lo que hace le parece emocionante y espera algún día aprender a pilotear aviones y navegar barcos. Ya sea en el cielo, el agua o el gimnasio, Sadiqua se lanzará a la acción, como lo ha hecho desde que era pequeña.

NACIÓ EL 18 DE NOVIEMBRE DE 1993

ESTADOS UNIDOS

ES IMPORTANTE
QUE LAS MUJERES
NEGRAS MOSTREMOS
NUESTRO PODER.
SADIQUA BYNUM
ILUSTRACIÓN DE
TAINA LAYLA CUNION

SAPANA

ENFERMERA

Había una vez una niña que soñaba con curar a la gente con los rayos de luz de sus manos. Se llamaba Sapana y, cuando era pequeña, su hermana menor enfermó. Su familia vivía lejos de un hospital, así que llevaron a cabo una ceremonia tradicional de sanación para intentar curarla; Sapana le rogó a su papá que hicieran el viaje hasta la clínica, pero para cuando se dispusieron a atravesar la selva, era demasiado tarde y su hermana murió. En ese momento prometió que se convertiría en enfermera.

Todos los días caminaba cuatro horas para llegar a la escuela y, cuando los monzones inundaban las carreteras, pasaba la noche en el salón de clases. Por fin llegó el día en que hizo el examen para entrar a la escuela de enfermería. Desafortunadamente, no la aceptaron. Sin embargo, recordó el consejo de uno de sus antiguos mentores quien, cuando era más joven, le había dicho que nunca se subestimara. «Me di cuenta de que tenía la fuerza para seguir intentándolo», explicó. «No pensaba detenerme ahí».

Se preparó durante meses y volvió a presentar el examen. Cuando se publicaron los resultados, se asomó a la ventanilla y recorrió la lista de los estudiantes que habían aprobado. Ahí estaba, en medio de la lista, en grandes letras negras, todas mayúsculas: SAPANA.

Como enfermera, se siente inspirada por Florence Nightingale. «Cuando mi hermana se enfermó, me sentía impotente y quería ser Florence. Quería saber de dónde sacaba la fuerza para seguir trabajando por los demás». Ahora muchos podrían preguntarse lo mismo sobre Sapana.

NACIÓ EN 1994

NEPAL

A VECES LO ÚNICO QUE PUEDES HACER ES NO RENDIRTE.
SAPANA

ILUSTRACIÓN DE BANDANA TULACHAN

SARAH VOSS

GIMNASTA

Sarah tenía cinco años cuando su mamá la inscribió a su primera clase de gimnasia en trampolín. Desde aquel profético día, su futuro quedó ligado a la gimnasia: inspirada en gimnastas como Nastia Liukin, Shawn Johnson y Simone Biles, ahora entrena hasta treinta horas a la semana, perfeccionando saltos mortales, acrobacias y el juego de piernas.

Sin embargo, conforme crecía y su cuerpo cambiaba, se fue sintiendo menos cómoda con los leotardos tradicionales que usa la mayoría de las gimnastas; por eso decidió hacer un cambio.

Decidió usar trajes de cuerpo entero y se trazó una meta. Con brazos y pies cubiertos, se convirtió en la primera gimnasta en usar un leotardo completo sin un motivo religioso en una competencia internacional. Ello le brindó más comodidad para sus rutinas, pero tenía otra razón: motivar a las chicas de todo el mundo a seguir practicando gimnasia. Se percató de que algunas dejan el deporte cuando crecen y llegan a la pubertad; en cambio, los leotardos de cuerpo entero pueden ayudar a que se sientan más seguras al aterrizar de un mortal al frente para lograr una redondilla. «Es una gran opción para que todas sigan practicando el deporte que les gusta», explica.

Sus compañeras siguieron su ejemplo y juntas saltaron en las colchonetas de los Juegos Olímpicos 2020 usando leotardos brillantes que cubren las piernas. «Esperamos que las gimnastas que se sienten incómodas con los atuendos comunes se atrevan a seguir nuestro ejemplo», dice Sarah. Sin tener que preocuparse por lo que se pone, puede continuar practicando lo que mejor sabe hacer: ¡gimnasia!

NACIÓ EL 21 DE OCTUBRE DE 1999

ALEMANIA

ILUSTRACIÓN DE
SIBEL BALAC
VOSS
PUEDES SENTIRTE
BIEN Y SEGUIR
VIÉNDOTE ELEGANTE.
¿POR QUÉ NO?
SARAH VOSS

SHAINE KILYUN

FABRICANTE DE SILLAS DE RUEDAS PARA MASCOTAS

Shaine adoraba a todas las criaturas, grandes y pequeñas; estaba segura de que quería dedicar su vida a los animales (perros grandes y esponjosos, ratoncitos, pájaros de alas enormes...), pero no sabía cómo. «Tal vez puedo ser veterinaria y cuidar animales enfermos o heridos», reflexionó. «O quizá puedo abrir un refugio para animales sin hogar».

Cierto día navegaba en internet cuando se encontró un tutorial sobre cómo hacer una silla de ruedas para perro. «¡Qué forma tan creativa de ayudar a los animales que lo necesitan!», pensó. Le preocupaba un poco que nadie confiara en poner a su perro en una silla de ruedas hecha por una niña de quince años, pero tenía que intentarlo.

Compró tubos de plástico y otros materiales que necesitaba para su primera silla de ruedas perruna y puso manos a la obra. Poco después abrió una cuenta de Instagram para su nuevo proyecto llamado Wheelies (Rueditas) y compartió fotos conforme sus sillas se volvieron más sofisticadas. Al cabo de unos cuantos meses, ya recibía pedidos de todo el mundo.

Ha hecho sillas grandes y robustas para labradores, y otras pequeñas y ligeras para chihuahuas; para gatos, un erizo y hasta para un pato. Gracias a esto ha logrado que encuentren hogares donde son queridos. Ha donado muchas de sus creaciones a refugios de animales y santuarios.

«De verdad quiero mejorar la situación de todos los animales que pueda», asegura.

NACIÓ EL 16 DE SEPTIEMBRE DE 2005

ESTADOS UNIDOS

PUEDES HACER LA DIFERENCIA, TENGAS LA EDAD QUE TENGAS.

SHAINE KILYUN

ILUSTRACIÓN DE MELISA FERNÁNDEZ NITSCHE

SHIRA STRONGIN

DEFENSORA DE LOS DERECHOS DE PERSONAS CON DISCAPACIDAD

Shira nunca quiso llamar la atención en la secundaria, pero era algo difícil cuando desaparecía de clase semanas enteras y luego volvía en silla de ruedas. Cuando uno de sus compañeros la llamó «Chica Enferma», se sintió ofendida y enojada. No quería contarle que le daban convulsiones: no era de su incumbencia. Además, pensaba que la mayoría de los chicos de su edad no entiende nada de discapacidades o enfermedades crónicas, en particular de una como la suya.

Shira tiene una enfermedad **neurovascular** progresiva. Estaba muy enferma, pero ningún doctor podía averiguar la causa y, por lo tanto, no sabían cómo tratarla. Aunque nadie entendiera lo que le pasaba a su cuerpo, se le ocurrió que tal vez podría informar a los demás sobre su experiencia.

Así, empezó un blog bajo el pseudónimo de Sick Chick (Chica Enferma) y escribió sobre sus visitas al hospital, sus cirugías y las interacciones con los niños de la escuela. Un día la contactaron de una organización sin fines de lucro para que hablara en un evento. De pronto se percató de que estaba haciendo algo muy importante, pues había jóvenes como ella por todo el mundo, chicas enfermas que necesitaban que sus historias se vieran y se escucharan, y a su vez, encontrarse mutuamente. Por eso convirtió Sick Chick en una red mundial de mujeres jóvenes, reunidas para construir un espacio seguro y actuar a favor de todas las personas que viven con alguna enfermedad o discapacidad. Shira se dio cuenta de que tal vez era una chica enferma, pero aun así podía lograr muchísimas cosas.

NACIÓ EL 29 DE MARZO DE 1999

ESTADOS UNIDOS

ILUSTRACIÓN DE
SANNA LEGAN
ALGUNOS DE LOS DEFENSORES
MÁS APASIONADOS QUE
CONOZCO SON JÓVENES,
PORQUE ESTAMOS PELEANDO
POR NUESTRO FUTURO.
SHIRA STRONGIN

SIFAN HASSAN

CORREDORA DE LARGA DISTANCIA

Sifan era una corredora increíble. De hecho, su zancada era tan fuerte y su ritmo tan rápido que llevaba su talento a eventos de todo el mundo. Sin embargo, mientras competía en los Juegos Olímpicos de Tokio en 2021, le ocurrió la peor pesadilla para un corredor.

Iba entrando en la última vuelta de la carrera preliminar de los mil quinientos metros, prueba que determina quién pasa a la ronda final, cuando una corredora que iba adelante tropezó y se cayó. Intentó saltarla, pero terminó cayéndose también. En un instante, la joven de paso firme estaba en penúltimo lugar.

Pero ese no fue el final de la carrera; Sifan se levantó con un nuevo reto que superar. Sus pies golpeaban la pista mientras impulsaba brazos y piernas. Usó toda su energía y determinación para continuar. Una por una fue rebasando a las demás corredoras hasta que pasó volando sobre la línea de meta... ¡En primer lugar!

Más tarde, ese mismo día, compitió en los cinco mil metros y ganó la medalla de oro. Pocos días después aseguró la medalla de bronce en los mil quinientos metros y otra medalla de oro en los diez mil metros.

Así, se convirtió en la primera mujer neerlandesa en ganar una medalla en una carrera de larga distancia y en la primera atleta de la historia en ganar medallas en las pruebas de mil quinientos, cinco mil y diez mil metros en los mismos Juegos Olímpicos. Su tenacidad demuestra que, incluso cuando una persona se cae, puede volver a levantarse, ser más fuerte que nunca y hasta ganar una medalla... o tres.

NACIÓ EL 1 DE ENERO DE 1993

PAÍSES BAJOS

HASSAN
PARA MÍ ES FUNDAMENTAL SEGUIR A MI CORAZÓN. ESO ES MUCHO MÁS IMPORTANTE QUE LAS MEDALLAS DE ORO.
SIFAN HASSAN
ILUSTRACIÓN DE NAKI NARH

SOPHIE CRUZ

ACTIVISTA POR LOS DERECHOS DE LOS MIGRANTES

Había una vez una niña que amaba a su familia más que a nada en el mundo. Por desgracia, Sophie vivía con el temor de que los separaran, pues sus papás eran **inmigrantes** indocumentados que vivían en Estados Unidos: los señores Cruz habían dejado Oaxaca, México, para mudarse a California y buscar una vida mejor. No obstante, ser indocumentados complicaba mucho su situación, pues vivían con la amenaza constante de que los deportaran, es decir, de que los obligaran a dejar su hogar y los regresaran a México. Sophie sentía que era injusto que su familia tuviera que vivir con miedo cuando eran los obreros como su papá quienes alimentaban a Estados Unidos.

Esta pequeñita quería ayudar a su familia y a otras en la misma situación. Por eso, cuando tuvo la oportunidad de ir a Washington, D. C., para ver al papa, decidió aprovecharla para cambiar las cosas. Durante su viaje, el papa Francisco recorrió el centro de la ciudad para saludar a la gente. Con una carta en el puño, Sophie se abrió paso entre la multitud, rompió la barrera de la procesión hasta llegar a la calle. Un hombre de traje negro le cerró el paso de repente, pero el papa hizo señas para que la dejaran acercarse. Con una cálida sonrisa, la abrazó y recibió su carta.

El papa llevó la carta ante el Congreso, pidiendo que se protegiera a los padres indocumentados de ciudadanos estadounidenses como Sophie. Así, la pequeña niña se volvió un icono de la reforma migratoria, pero ese era solo el comienzo. A los cinco años, ella sabía que tenía toda una vida de activismo por delante.

NACIÓ EL 17 DE DICIEMBRE DE 2010

ESTADOS UNIDOS

TENGO DERECHO A SER FELIZ.
SOPHIE CRUZ
ILUSTRACIÓN DE
GABY VERDOOREN

TAEGEN YARDLEY

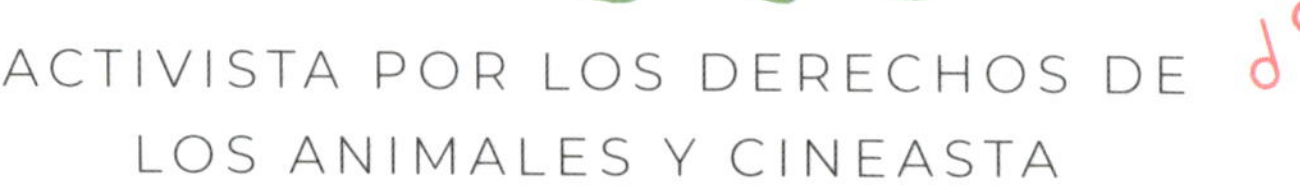

ACTIVISTA POR LOS DERECHOS DE LOS ANIMALES Y CINEASTA

Había una vez una niña de doce años que se horrorizó cuando supo que los elefantes estaban en peligro de extinción. Sentada en el salón, Taegen imaginó un futuro sin esos gigantes bondadosos de gran inteligencia y alma sensible, y se le rompió el corazón. Sin embargo, decidió actuar en lugar de hundirse en la tristeza.

Primero se informó. Se enteró de que la principal razón por la que los matan es para convertir sus colmillos de marfil en joyas. Aunque en muchos países está prohibida, su venta continúa por todo el mundo, muchas veces de manera ilegal.

Después hizo una película para compartir lo que había aprendido. En ella contaba la historia de Lawrence Anthony, un protector de elefantes de Sudáfrica que falleció en 2012. Tras su muerte, un grupo de elefantes que había rescatado, recorrió kilómetros a través del sofocante desierto hasta llegar a la casa de su querido benefactor. Se quedaron ahí dos días rindiéndole un solemne homenaje.

Desde aquella primera película, Taegen ha hecho otras cinco sobre especies y hábitats en peligro de extinción. A través de la organización de marchas y venta de pasteles, ha inspirado a su comunidad para defender a los animales. También ha hablado ante las Naciones Unidas y la Sociedad Geográfica Nacional. Incluso pudo conocer al príncipe William, duque de Cambridge, cuando recibió un premio por su trabajo en favor de la protección de los animales y el medio ambiente.

Sin importar las aventuras que le esperan, nunca olvidará lo que los elefantes le enseñaron desde un principio: a guiarse con el corazón.

NACIÓ EL 6 DE FEBRERO DE 2003

ESTADOS UNIDOS

OJALÁ QUE
NUNCA
DEJEMOS DE
PREGUNTARNOS
«SI YO NO,
¿ENTONCES
QUIÉN?».
TAEGEN
YARDLEY
ILUSTRACIÓN DE
JIALEI SUN

TANYARADZWA «TANYA» MUZINDA

MOTOCROSISTA

¡Bruum! Una niña sobre una moto se acercó a toda velocidad; tenía cinco años, vivía en Zimbabue y había encontrado su deporte. Se llamaba Tanyaradzwa, pero todos le decían Tanya.

Su papá era un exmotociclista que la animó a empezar con un *go-kart*, pero la niña no tardó en cambiar las cuatro ruedas por dos. Él le compró su primera motocicleta y así rompió la tradición familiar de regalarle una moto al primer hijo varón. Algunos familiares no entendían por qué una chica debería tener una moto, pero no le importaba. ¡Bruuum! Allá iba, con su casco verde limón, a toda velocidad, subiendo y bajando por las colinas de tierra del circuito de carreras de la zona.

Con el tiempo llegó a los torneos locales y luego a los internacionales, y casi siempre era la única chica. En la línea de salida veía un millón de marcas de llantas en la tierra, respiraba profundo y apretaba el acelerador; luego corría hasta la línea de meta, pasando a toda velocidad por delante de los demás. A los seis años se convirtió en la primera campeona zimbabuense de motocross de la historia.

Le encantan las carreras, pero también las oportunidades que le da el motocross. Cuando no está sobre ruedas, ayuda a otros chicos a ir a la escuela, en especial a niñas, haciendo donaciones y compartiendo el dinero de sus premios. «La mayoría de quienes he ayudado son niñas, porque cuando los padres no tienen suficiente dinero para mandar a sus hijos a la escuela, prefieren llevar a los niños», explica. Así, mientras corre hacia sus metas, Tanya lleva a otras chicas a compartir su viaje.

NACIÓ EL 31 DE AGOSTO DE 2004

ZIMBABUE

OTRAS MUJERES TUVIERON QUE LUCHAR PARA GANAR EL DERECHO QUE AHORA TENEMOS DE ESTAR AQUÍ.
TANYARADZWA «TANYA» MUZINDA
61
ILUSTRACIÓN DE DOMINIQUE RAMSEY

TAYLOR SWIFT

CANTAUTORA

Había una vez una chica con cicatrices en las yemas de los dedos. Taylor tocaba la guitarra durante horas desde los doce años. Sabía lo que se sentía ser marginada y tener el corazón roto, así que entretejió sus emociones y experiencias en sus canciones y luego inventó las melodías para acompañarlas. Cuando le sangraban los dedos, los envolvía en tela adhesiva y seguía rasgueando.

Convenció a su familia de mudarse de Pensilvania a Nashville, Tennessee, para convertirse en estrella de country. Tocaba en todos los lugares donde se lo permitían y luego les pedía que llamaran a las estaciones de radio y solicitaran sus canciones. No pasó mucho para que la gente se fijara en sus increíbles letras y armonías.

A los dieciséis consiguió un contrato con una disquera y lanzó su primer álbum. Fue un éxito: se convirtió en la persona más joven en componer y cantar una canción que llegó a la primera posición. Después de ganar muchos premios, demostró su talento produciendo discos de pop, rock y folk que batieron récords. Cada vez que dudaban de ella, sorprendía a todos con un sonido nuevo o versos ingeniosos.

Como una de las artistas más poderosas del momento, Taylor defiende a las mujeres, en especial a las de la industria de la música, y a la comunidad LGBTTTIQ. En 2018 hizo un llamado a los votantes de Tennessee para luchar por la igualdad, e inspiró a sesenta y cinco mil personas a registrarse para votar.

«Sin importar lo que pase en la vida, hay que tratar bien a los demás», afirma. «Tratar bien a la gente es algo maravilloso que puedes dejar como legado».

NACIÓ EL 13 DE DICIEMBRE DE 1989

ESTADOS UNIDOS

ILUSTRACIÓN DE
ANNA DIXON
13
QUIERO SEGUIR
TENIENDO UNA
PLUMA AFILADA,
LA SENSIBILIDAD A
FLOR DE PIEL Y EL
CORAZÓN ABIERTO.
TAYLOR SWIFT

TE MANAIA JENNINGS

PINTORA Y ACTIVISTA POR LA SALUD MENTAL

Había una vez una niña que descubrió en el arte cómo canalizar sus intensos sentimientos. Te Manaia pasaba mucho tiempo en el hospital cuando era pequeña debido a que le habían diagnosticado una rara condición llamada escoliosis congénita, la cual hacía que su columna se curvara hacia los lados. Aunque el dolor físico que sentía por las operaciones era intenso, lo que más la hería eran la ansiedad y la depresión.

Recostada en la cama del hospital, decidió que necesitaba una forma de superar los problemas a los que se enfrentaba. Dibujar y pintar la tranquilizaban. Pintaba rostros en tonos morados y azules; a veces, las personas de sus cuadros lloraban, a veces sonreían y otras estaban serias. Poco a poco empezó a sentirse diferente respecto a su cuerpo y a sí misma. Pintar también se convirtió en una forma de explorar su herencia **indígena**, pues comenzó a incorporar diseños maoríes en su arte.

Pronto su interés en el arte y en la salud mental se entrelazaron. «Encontré la oportunidad de dar voz a la gente joven, en especial a los maoríes, y de normalizar las conversaciones sobre salud mental para decir que "está bien sentirse triste; está bien no sentirse bien todo el tiempo; todo el mundo tiene días malos"», comenta.

El arte no solo le ayudó a superar sentimientos negativos, también cambió la forma en que percibe su cuerpo: «Ahora me gustan mis cicatrices, y me gusta presumirlas porque reflejan mi fuerza. Reflejan mi historia».

NACIÓ EL 3 DE ENERO DE 2000

NUEVA ZELANDA

ILUSTRACIÓN DE
STORY HEMI-MOREHOUSE

TEMILAYO ABODUNRIN

SAXOFONISTA

Hce mucho tiempo, en un concierto, una tecladista nigeriana llamada Temilayo se enamoró del dulce sonido de un saxofón. Aunque había viajado de iglesia en iglesia tocando el teclado, había algo mágico en este instrumento. Por eso, a los seis años, decidió que también aprendería a tocarlo.

Entre semana hacía su tarea, pero los fines de semana se dedicaba a la música. Nada podía separarla de su saxo: aprendió rápido y en poco tiempo ya tocaba en bodas mientras los novios bailaban bajo luces brillantes. También tocaba en iglesias, donde la gente aplaudía su música entre sermones. El público esperaba que, por su edad, tocara canciones infantiles como «María tiene un corderito», pero en vez de eso los deslumbraba con complejas melodías de jazz. A decir verdad, las expectativas de los demás nunca la hicieron dudar de sí misma. Incluso empezó a publicar videos en internet en los que tocaba sus propias versiones de tonadas populares.

Las iglesias y las bodas abrieron paso a grandes escenarios, en los que compartió los reflectores con artistas nigerianos famosos como Johnny Drille, Wole Oni y Davido. En 2020 grabó «*Ayo*» (Alegría), una canción de su autoría, con otros músicos reconocidos; en el video, la joven artista aparece con ropas coloridas bailando al ritmo de la música.

Temilayo siguió el sonido del saxofón y su curiosidad la llevó a un sinfín de oportunidades, todo porque tuvo el valor de probar algo nuevo.

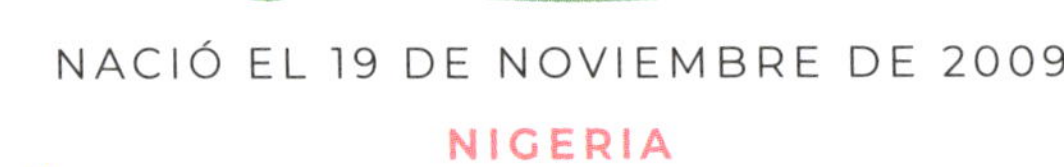

NACIÓ EL 19 DE NOVIEMBRE DE 2009

NIGERIA

QUIERO QUE MI MÚSICA HAGA QUE LA GENTE DEL PÚBLICO SEA FELIZ, SONRÍA, SE SIENTA INSPIRADA Y CREA EN SÍ MISMA.
TEMILAYO ABODUNRIN
ILUSTRACIÓN DE RAFAELA RIJO-NÚÑEZ

THEODORA VON LIECHTENSTEIN

ECOLOGISTA

Había una vez, en las verdes colinas de Liechtenstein, una princesa de verdad llamada Theodora, que creció con su familia en un castillo que parecía de cuento de hadas. Igual que algunas princesas ficticias, como Blanca Nieves y Aurora, esta pequeña amaba a los animales. «Los animales me relajan y tranquilizan», decía.

Por ello se entristeció cuando se enteró de que gran parte de la fauna de la Tierra está en peligro de extinción. Con la destrucción de los hábitats y el aumento de la contaminación, muchos animales se encontraban en dificultades. Tras investigar un poco, descubrió que había muchos problemas del medio ambiente que se podían solucionar si la gente hacía pequeños cambios en su forma de tratar a la naturaleza.

Creó una fundación para sensibilizar a los adolescentes sobre la importancia de preservar el medio ambiente. Fundó el Green Teen Team (Equipo Ecológico Juvenil) a los nueve años y empezó a trabajar con jóvenes de todo el mundo para preservar la vida silvestre. Uno de sus proyectos fue el Chelonia Project (Proyecto Quelonio), que ayudó a salvar tortugas en peligro de extinción en Italia. Para ello, Theodora y su equipo construyeron un hábitat protegido para las tortugas de estanque europeas. Le encanta verlas tomar el sol en las orillas, con sus caparazones negros y relucientes llenos de manchitas amarillas que brillan bajo el sol.

Theodora cree que si los jóvenes aprenden el impacto que pueden tener sobre el medio ambiente y los animales que lo habitan, pueden trabajar para que todos los seres tengan un futuro mejor.

NACIÓ EL 20 DE NOVIEMBRE DE 2004

LIECHTENSTEIN E ITALIA

ILUSTRACIÓN DE
SOFIA CAVALLARI

TRANG

COMEDIANTE Y *YOUTUBER*

Trang vivía con su familia en una pequeña choza de paja en la zona rural de Vietnam y ayudaba a su mamá a vender pasteles en el mercado al otro lado del río. Un día su bote se volcó y todos los pasteles cayeron al agua. Su mamá lloró porque sabía que no tendría suficiente dinero para comprar comida.

«Nunca olvidaré ese día», recuerda Trang. «Tenía muchas ganas de ayudar a mi familia a salir de la pobreza». Así que se sentó a pensar. Tenía una conexión especial con los animales, en particular con Bim Bim, el único pato blanco de una bandada de aves negras que no lo aceptaban. «Ha de sentirse solo», reflexionó, «igual que yo». Se le ocurrió que tal vez, solo tal vez, al mundo le gustaría conocer su singular amistad.

Había oído hablar de YouTube y, como soñaba con convertirse en actriz, decidió abrir su propio canal. «Al principio grababa los videos con celulares viejos que siempre se descomponían», relata. «Muchas veces mis videos no tenían ni una sola vista». Sin embargo, siguió intentándolo. Publicó la fiesta de cumpleaños de Bim Bim, a Bim Bim aprendiendo a cocinar, Bim Bim bailando... Al cabo de un tiempo, todo el país se divertía.

Así, se ganó el Botón de Plata de YouTube por alcanzar los cien mil seguidores. «Nunca imaginé que podía llegar tan lejos. No tengo asistente ni equipo de alta calidad. Aprendí todo sola». Trang espera que su éxito inspire a otras personas a pensar más allá de lo que parece posible.

NACIÓ EN 2002

VIETNAM

00:15:28
SI TE CAES, CRECES.
TRANG
ILUSTRACIÓN DE
JUNETIEN

VANESSA NAKATE

ACTIVISTA CONTRA EL CAMBIO CLIMÁTICO

Vanessa creció cerca de la cuenca del Congo, la segunda selva tropical más grande de la Tierra. Alberga miles de plantas y animales, como el colobo oriental, un mono cuyo largo pelaje simula un par de alas cuando salta por los árboles, y el okapi, una jirafa de la selva de patas rayadas que no se encuentra en ningún otro lugar.

Creció viendo a su padre sembrar árboles por todo Uganda, como líder de una asociación protectora del medio ambiente, y eso la motivó a alzar la voz. Fue cuando la selva del Congo se incendió que empezó a hablar en público. Llevó su mensaje a los centros comerciales, habló de salvar la selva tropical frente a gasolineras y protestó frente al Parlamento. A veces era la única que acudía a la protesta.

Le gente decía que perdía el tiempo, pero no se rindió porque creía en su causa. Sus palabras empezaron a inspirar a la gente. De hecho, en un artículo escribió: «El medio ambiente es nuestro legado. Debemos protegerlo o afrontar las consecuencias». Con el paso del tiempo, la invitaron a dar charlas por todo el mundo, así fue como pudo participar en la Conferencia de las Naciones Unidas sobre el Cambio Climático de 2019.

Vanessa sabe que no está sola en su lucha por la justicia ambiental en África. Por eso fundó el Rise Up Climate Movement (Movimiento Ecologista Levántate) y la asociación Youth for Future Africa (Juventud por el Futuro de África), para impulsar y apoyar a los activistas de todo el continente que luchan por un futuro más verde.

NACIÓ EL 15 DE NOVIEMBRE DE 1996

UGANDA

NO HAY ACCIONES NI
VOCES PEQUEÑAS PARA
LOGRAR UN CAMBIO.
VANESSA NAKATE
ILUSTRACIÓN DE
NAKI NARH

VICTORIA ALONSOPÉREZ

INGENIERA E INVENTORA

A Victoria siempre le apasionaron las matemáticas. Su papá era contador, así que mientras él trabajaba, ella se asomaba por encima de su hombro tratando de encontrarle sentido a todas las fórmulas. Fue él quien le enseñó que los números podían usarse de muchísimas maneras, ¡hasta para llevar astronautas a la luna! Desde entonces ella supo que quería utilizar los números para crear algo increíble.

Encontró una oportunidad cuando tenía doce años. Una espantosa enfermedad se esparció por las granjas de Uruguay, el país donde vivía. Las vacas se estaban viendo afectadas y eso perjudicaba la economía del país. Nadie sabía qué hacer, pero a ella se le ocurrieron algunas ideas.

«Las vacas no se comportan de manera normal cuando están enfermas», pensó. «No pueden comer, babean y tienen calor, y por lo tanto no pueden dar leche». Fue entonces cuando se le prendió el foco. ¡TARÁN! «¿Y si hubiera una forma de registrar cómo se sienten las vacas?», reflexionó. «Así podríamos evitar que se esparciera la enfermedad».

Años después, tras graduarse como ingeniera eléctrica, empezó a hacer bocetos para diseñar un producto que luego llamó Chipsafer, un sistema que detecta los cambios físicos del ganado mediante un collar especial con GPS y luego envía un aviso a los ganaderos a través de una aplicación en su teléfono o computadora. Victoria inscribió su proyecto en un concurso para jóvenes inventores y ganó. Ahora trabaja con ganaderos de Latinoamérica y ha creado el negocio que soñó desde que era niña.

NACIÓ EL 22 DE ENERO DE 1987

URUGUAY

ILUSTRACIÓN DE
NATALIA CARDONA PUERTA
ME GUSTARÍA VER
MÁS INNOVACIÓN EN
LATINOAMÉRICA.
VICTORIA ALONSOPÉREZ

VINISHA UMASHANKAR

INVENTORA Y ACTIVISTA AMBIENTAL

Había una vez una chica que tuvo una gran idea de regreso de la escuela. Vinisha observaba a la gente que recorría las soleadas calles de su ciudad natal, Tiruvannamalai, India, y le daba gusto ver cómo se detenían a platicar con amigos y vendedores.

Un día se percató de que el propietario de un carrito de planchar tiraba mucho carbón. Cada mañana hay alrededor de diez millones de estos carritos en las transitadas calles de India; sus dueños utilizan planchas portátiles para que la ropa quede impecable. El problema es que las planchas no son eléctricas: son pequeñas cajas de metal que se llenan con carbón encendido para calentarlas y así poder planchar la ropa.

Poco después se sorprendió al enterarse de que el humo de estos carritos contribuye al cambio climático y a problemas pulmonares, entre ellos cáncer, por lo que empezó a pensar en maneras para evitar tanta contaminación. El sol era parte del problema, pues con tanto calor era imposible que la ropa se mantuviera limpia y sin arrugas, pero a ella se le ocurrió que también podía ser la solución: ¡energía solar!

Así, diseñó un nuevo tipo de carrito que, en lugar de techo, tenía un panel solar. Los paneles mantendrían las planchas calientes y al mismo tiempo servirían para dar sombra a los planchadores. El carrito fue tan revolucionario que ganó el Premio Infantil del Clima. Vinisha planea empezar a fabricarlo muy pronto.

Además, tiene la esperanza de que limpiar el aire de su ciudad mejorará la vida de sus amigos y familiares, así como la de generaciones futuras.

NACIÓ EL 11 DE OCTUBRE DE 2006

INDIA

ILUSTRACIÓN DE TASNEEM AMIRUDDIN

VITÓRIA BUENO

BAILARINA

Había una vez una niña que tenía un ligero rebote al caminar. Antes de darse cuenta, ya estaba bailando.

Vitória nació sin brazos, pero como ella dice: «para mí los brazos son solo un detalle, no siento que me hagan falta». Otras personas dependen de los brazos para lavar los platos o cepillarse los dientes, pero ella puede hacer todo eso y mucho más con los pies.

Su vida no siempre ha sido fácil. Cuando era muy pequeña, no tenía fuerza ni flexibilidad para subirse el gorro de la sudadera con los dedos de los pies; además, cuando caminaba por las calles de la zona rural de Brasil en la que creció, los vecinos curiosos se le acercaban para jalar las mangas de su blusa.

Un día, a sus cinco años, su **fisioterapeuta** notó el ligero rebote de sus pasos y le quedó claro que a la niña le gustaba bailar. «¿Creen que a Vitória le gustaría probar el *ballet*?», preguntó el especialista.

De inmediato hizo clic con el *ballet*. Movía su cuerpo, elegante y grácil, al ritmo de la música. Cuando las demás niñas levantaban los brazos en el aire, ella estiraba el cuello e inclinaba la cabeza hacia arriba, pues había descubierto que no necesitaba brazos para hacer eco de sus movimientos. ¡Tenía un talento natural! Para cuando cumplió dieciséis años, ya daba giros y saltos en escenarios de todo el mundo.

«Creo que nací para bailar», asegura. «Nací para bailar *ballet*».

NACIÓ EN MARZO DE 2004

BRASIL

SOMOS MUCHO MÁS QUE NUESTRAS DISCAPACIDADES, ASÍ QUE TENEMOS QUE PERSEGUIR NUESTROS SUEÑOS.

VITÓRIA BUENO

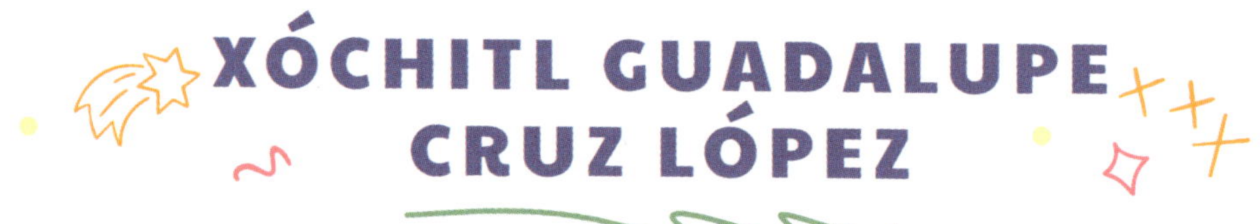

XÓCHITL GUADALUPE CRUZ LÓPEZ

INVENTORA

En Los Altos de Chiapas, en las montañas de México, donde hace frío la mayor parte del año, vivía una niña llamada Xóchitl, quien veía que la gente de su pueblo se enfermaba con frecuencia y tenía que ir al doctor. Ella apenas tenía siete años, pero le preocupaban sus vecinos mayores.

También se dio cuenta de que muchas personas talaban los árboles para calentar el agua con la que se bañaban. Los árboles que tanto amaba servían de leña, pues no había calentadores económicos que pudieran comprar. Calentaban el agua, pero destruían los bosques. «¿Cómo puedo hacer un calentador que no dañe el medio ambiente?», pensó. Entonces se le ocurrió la respuesta: usar la basura.

Sacó su cuaderno de dibujo y pasó semanas trabajando en el diseño de su nueva idea. Pintó de negro diez botellas para atrapar el calor del sol, luego las conectó con quince metros de manguera negra y las fijó a una complicada estructura de materiales de reúso: plástico, madera, nailon y puertas de cristal de refrigeradores. Su papá le ayudó a instalar su proyecto en el techo de su casa y, cuando todo estuvo listo, la pequeña inventora sumó lo que había gastado. Resultó que construir el calentador solo le había costado el equivalente a treinta dólares. Y mejor aún: funcionaba a la perfección.

La gente de todo México se enteró de su proyecto y se sorprendió de que una niña tan pequeña hubiera inventado algo tan útil y práctico. Incluso ganó un premio que todos los años se otorga a científicas destacadas. Nunca se lo habían dado a una niña.

NACIÓ EL 1 DE ENERO DE 2009

MÉXICO

LAS PERSONAS YA NO TENDRÁN QUE TALAR ÁRBOLES PARA CALENTAR EL AGUA.
XÓCHITL GUADALUPE CRUZ LÓPEZ

ILUSTRACIÓN DE REN CAPACIO

YASHIKA

CAMPEONA DE KARATE

Había una vez una niña que combatía sus miedos con golpes de karate. Ir a la escuela era aterrador para la joven Yashika. Como no había alumbrado público, banquetas ni autobuses escolares, el camino a veces se ponía peligroso. Sus papás se preocupaban tanto que le pidieron que dejara de ir, pero ella estaba decidida a recibir educación. Tenía que haber una forma segura de llegar a la escuela; así que, en lugar de rendirse, les pidió ayuda a los dirigentes locales y ellos la escucharon.

Tuvo la oportunidad de tomar clases de defensa personal para mujeres. Al frente del salón estaba la maestra, fuerte y poderosa. «Si ella puede, yo también», reflexionó.

La gente de su ciudad se burlaba de Yashika y de su familia, pues decían que el karate era un deporte de hombres. Sus papás la presionaron para que lo dejara, pero ella siguió entrenando. «Con el karate aprendí a no rendirme nunca, sin importar los obstáculos», relata. Antes de darse cuenta, ya había ganado un torneo. Luego otro y otro más.

Pocos años después tomó un tren rumbo a la ciudad más grande de India para competir en un campeonato nacional de karate. Ahí, la chica a la que alguna vez le dio miedo caminar a la escuela, ganó una medalla de plata por su participación individual y una de oro con su equipo.

En la actualidad, «Karate Girl» (la Chica Karateca), que es como la llaman sus fans, es una profesora muy querida por las niñas. Siempre les dice a sus estudiantes que la dedicación, la concentración y el esfuerzo harán realidad sus sueños, y que el karate les ayudará a combatir el miedo.

NACIÓ EN 2003

INDIA

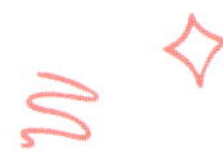

ILUSTRACIÓN DE
TASNEEM AMIRUDDIN
SIN IMPORTAR
CUÁL SEA TU
ENTORNO, NO
DEJES DE SOÑAR
EN GRANDE.
YASHIKA

ZENDAYA

ACTRIZ Y CANTANTE

En la ciudad costera de Oakland, California, había una vez una niña tímida que descubrió su voz a través del teatro.

De hecho, Zendaya era tan tímida que tuvo que repetir el jardín de niños, pues no hablaba en clase. Pero todo cambió cuando empezó a acompañar a su mamá a su trabajo en un teatro de la zona.

Todas las noches cenaba tras bambalinas con los actores, luego se instalaba con mantas y almohadas en la parte trasera del teatro y veía el espectáculo. Todo le fascinaba: las luces, los vestuarios, la música. Al poco tiempo empezó a tomar clases de teatro y a actuar también.

Saltó del escenario a la pantalla al crecer. Ha interpretado muchos papeles emocionantes, desde una trapecista hasta la icónica mejor amiga de Spider-Man. En 2020 se convirtió en la artista más joven en ganar un Emmy a mejor actriz principal en una serie dramática.

Zendaya ha ido adquiriendo seguridad con cada papel y evento de Hollywood en el que participa. La chica que no decía ni una palabra en el jardín de niños ahora deja que su personalidad brille. En una ocasión fue a una gala con un vestido azul claro, con luces que lo iluminaban desde adentro y que combinaba con un pequeño bolso blanco y brillante en forma de carroza de calabaza. No teme decir lo que piensa y usa su voz para hablar de temas importantes, como la discriminación racial: «Quiero formar parte del cambio», afirma. «Es importante que los artistas de todas las razas usen las oportunidades y las plataformas que tengan para hacerles lugar a otras personas».

NACIÓ EL 1 DE SEPTIEMBRE DE 1996

ESTADOS UNIDOS

ILUSTRACIÓN DE
TYLER MISHÁ
BARNETT
NO TE ESFUERCES TANTO
POR ENCAJAR Y TAMPOCO TE
ESFUERCES TANTO POR SER
DIFERENTE... SOLO ESFUÉRZATE
POR SER QUIEN ERES.
ZENDAYA

¡CONOCE A MÁS REBELDES!

En la serie de *Cuentos de buenas noches para niñas rebeldes* celebramos los logros de muchas mujeres y niñas rebeldes. Aquí hay algunas historias que nos inspiran y enriquecen.

AISHOLPAN NURGAIV

Había una vez una niña de trece años llamada Aisholpan que crio a un aguilucho y se convirtió en la primera mujer en entrar a la competencia Golden Eagle (Águila Dorada) de Mongolia.

Ilustración de Sally Nixon

ANN MAKOSINSKI

Una vez, Ann visitó una casa que no tenía electricidad y se quedó impresionada. Cuando cumplió quince años, inventó una lámpara de mano que funciona con el calor del cuerpo.

Ilustración de Claudia Carieri

BALKISSA CHAIBOU

Cuando Balkissa tenía doce años, le dijeron que tenía que casarse, así que se defendió en los tribunales de Nigeria. El juez falló a su favor y ella pudo ir a la universidad para convertirse en doctora.

Ilustración de Priya Kuriyan

BANA AL-ABED

Bana tenía siete años cuando su ciudad, Aleppo, fue atacada. Con gran valentía, transmitió sus experiencias en internet para que el público pudiera ver lo que estaba pasando en Siria.

Ilustración de Tatheer Syeda

BEATRICE VIO

A Bebe le amputaron las piernas y los antebrazos después de que contrajo meningitis. Luego se convirtió en la única esgrimista en silla de ruedas del mundo que no tiene extremidades.

Ilustración de Cristina Portolano

COMANDANTA RAMONA

Ramona supo desde joven el poder que tenía su voz, así que cuando estalló el movimiento zapatista en México no dudó en unirse y luchar. Su trabajo le ganó el puesto de comandanta, donde siempre siguió velando por los derechos de las mujeres.

Ilustración de Charlotte González

COY MATHIS

Coy sabía que era niña a pesar de que había nacido con un cuerpo del sexo opuesto. La discriminaron en la escuela, pero un juez decidió que podía usar el baño que ella quisiera.

Ilustración de Marta Lorenzon

CLAUDIA ANCAPÁN QUILAPE

Claudia es una activista que lucha por los derechos de las mujeres, contra la violencia obstétrica y por la protección de niñas y niños transgénero.

Ilustración de Natalia Atencio

CRISTINA CALDERÓN

Cristina trabajó por la preservación de la cultura yagán y su idioma. Se le consideró un Tesoro Humano Vivo y fue la última hablante nativa de yagán.

Ilustración de Catalina Cartagena

DEYANIRA CORZO

Deyanira desarrolló el tratamiento para combatir la enfermedad de Pompe, un trastorno que afecta sobre todo a niñas y niños. Gracias a su descubrimiento se han salvado las vidas de millones de personas.

Ilustración de Valentina Buriticá

DEYSI CORI

Su mamá le enseñó a jugar ajedrez y su hermano era su mejor rival. El resto es leyenda: a los ocho años, después de participar en su primer campeonato, despuntaría como una de las mejores jugadoras del mundo.

Ilustración de Stephanie Barrera

ENRIQUETA COMPTE Y RIQUÉ

Enriqueta abrió el primer jardín de niños en América Latina, pues se oponía a métodos de enseñanza que no tomaran en cuenta a las y los más pequeños de la familia. Luchó por el derecho a votar de las mujeres y por la defensa de los más desprotegidos.

Ilustración de Natalia Vera

ESTHER DÍAZ

Esther amaba estudiar, pero cuando le prohibieron seguir haciéndolo y le exigieron que se concentrara en «atraer a un doctorcito» como esposo, decidió convertirse en la doctora punk de la filosofía.

Ilustración de La Delmas

FELISA MARTÍN BRAVO

Había una vez una niña que no quería aprender a cocinar ni a coser, ella quería ser física. Gracias a sus conocimientos y a su labor como meteoróloga, Felisa se convirtió en comandanta del Ejército del Aire español.

Ilustración de Sara Sánchez

FLORENCIA ROMANO

Florencia inició una huelga de hambre debido a que a las árbitras de futbol no les permitían participar en primera división. Gracias a su valentía, el Congreso argentino reformuló las reglas para que las oportunidades fueran las mismas para hombres y mujeres en esa profesión.

Ilustración de La Delmas

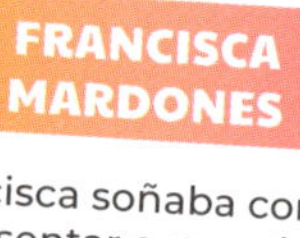

FRANCISCA MARDONES

Francisca soñaba con representar a su país en los Juegos Olímpicos y, aunque un accidente cambió sus planes de vida, se convirtió en la tenista en silla de ruedas #11 del mundo en los Juegos Paralímpicos.

Ilustración de Vivianne Pérez

IDEA VILARIÑO

Fue una gran poeta que publicó su primer libro a los veinticinco años. De espíritu rebelde y comprometido con las causas justas, sus versos pueden encontrarse escritos en muros a través de todo Uruguay.

Ilustración de Denisse Torena

JAWAHIR JEWELS ROBLE

Había una vez una niña llamada JJ que jugaba futbol en las calles con una papa. Se convirtió en la primera mujer árbitro de futbol musulmana de Reino Unido.

Ilustración de Veronica Ruffato

JESICA SALVINI

Había una vez una niña que creció fascinada por los autos y la velocidad. Esto la llevó a ser la primera ingeniera de pista en carreras de automovilismo en Argentina, así como un emblema para las mujeres que se abren camino en las ciencias.

Ilustración de María Eugenia Hernández

JESSICA WATSON

Érase una vez una joven llamada Jessica que le dio la vuelta al mundo en un velero. A los dieciséis años completó la travesía ella sola.

Ilustración de Kathrin Honesta

KHOUDIA DIOP

Khoudia no permitió que los insultos que recibió en la infancia acerca de su color de piel le impidieran convertirse en modelo. Se hizo llamar Melanin Goddess (Diosa de la Melanina).

Ilustración de Debora Guidi

LUCÍA CHARÚN-ILLESCAS

A Lucía le encantaba sumergirse en los libros. Descubrió que las palabras pueden crear mundos y construir puentes, así que decidió contar la historia de sus ancestros para hacer un homenaje a su cultura y denunciar las injusticias.

Ilustración de Vanessa Begazo

LUZ ADRIANA NEIRA

Luz descubrió que no hay nada más poderoso que la risa, por eso creó la Fundación Doctora Clown. Los miembros de esta fundación visitan a pacientes con enfermedades difíciles para darles un momento de alegría y compañía.

Ilustración de Alejandra Tilano

LUZ RELLO

A Luz le costaba mucho trabajo aprender a leer y escribir, hasta que descubrieron que padece dislexia. Ahora, además de ser investigadora en lingüística, creó un detector de dislexia.

Ilustración de Sara Sánchez

MICHAELA DEPRINCE

A Michaela la molestaban por su color de piel, pero ella prefirió enfocarse en su sueño de bailar. A los dieciocho años logró entrar al Ballet Nacional Holandés.

Ilustración de Debora Guidi

MUZOON ALMELLEHAN

Muzoon no permitió que la guerra de Siria le impidiera estudiar. Se fue a vivir a Inglaterra y se convirtió en embajadora de buena voluntad de la Unicef.

Ilustración de Maliha Abidi

NADIA MURAD

Cuando tenía diecinueve años, la joven Nadia se escapó de unos secuestradores terroristas en Irak. Luego alzó la voz y contó su historia en las Naciones Unidas.

Ilustración de Ping Zhu

POORNA MALAVATH

Poorna quería escalar la montaña más alta del mundo. A los trece años se convirtió en la chica más joven en llegar a la cima del monte Everest.

Ilustración de Priya Kuriyan

ROSA REAL MATEO DE NIETO

Había una vez una niña mexicana que desde los diez años aprendió alfarería. Disfrutaba mucho modelar y experimentar con materiales. Eso la llevó a descubrir una técnica especial para elaborar barro negro y dar a conocer el talento de su comunidad de manera internacional.

Ilustración de Alejandra Pérez

SARA PURCA CUICAPUSA

Sara creció fascinada por el océano y desde niña llevó una bitácora que parecía la de una bióloga. El daño que ha causado el cambio climático la convirtió en activista ambiental.

Ilustración de Samara Glenni Quezada

SIMONE BILES

Érase una vez una niña llamada Simone que aprendió a dar volteretas por los aires. Ahora es la gimnasta más premiada y también una defensora de la salud mental en los deportes.

Ilustración de Eline van Dam

SNOW THA PRODUCT

Claudia amaba la música y desde niña cantaba con un mariachi. Cuando descubrió el rap reafirmó su vocación y descubrió que la música, además de alegrar el alma, puede ser una poderosa arma de protesta.

Ilustración de Steph C.

SKY BROWN

Había una vez una niña de trece años llamada Sky que hacía trucos impresionantes en la patineta. Su talento la convirtió en la medallista olímpica más joven de Gran Bretaña.

Ilustración de Kate Prior

SOLEDAD ANTELADA

Había una vez una niña que era muy buena en ciencias y que al crecer decidió estudiar ingeniería en sistemas informáticos. Actualmente es una reconocida hacker y creadora de la fundación Girls Can Hack.

Ilustración de Pamela López

SONITA ALIZADEH

Sonita escribió una canción de rap para protestar en contra de los matrimonios arreglados en Afganistán. El video se hizo viral y su mensaje se escuchó por todo el mundo.

Ilustración de Samidha Gunjal

VIRGINIA GUTIÉRREZ DE PINEDA

Virginia dedicó su vida a estudiar a las familias: ¿cómo viven?, ¿qué hacen?, ¿cómo crecen? Además siempre promovió la diversidad. Gracias a su labor, el billete de diez mil pesos colombianos lleva su retrato.

Ilustración de Marcela Quiroz

XIYE BASTIDA

A los diecisiete años Xiye se dio cuenta de cómo afectaba el cambio climático a los indígenas, así que empezó una protesta en su escuela en Nueva York. Seiscientos estudiantes marcharon siguiéndola.

Ilustración de Sally Deng

YAMILA BADELL

Yamila ama el futbol desde niña; debutó en el Club Colón y llegó a la selección Sub-17 de su país, donde se convirtió en la primera jugadora en anotar un gol a la poderosa selección alemana. Después de pertenecer al Racing Féminas de Santander volvió a Uruguay para jugar en el Club Nacional.

Ilustración de Lucía Pinto

YEONMI PARK

Yeonmi no tenía libertad de expresión en el régimen dictatorial de Corea del Norte. Tras escaparse a los catorce años, luchó por liberar a su país natal dando un discurso en la cumbre Un Mundo Joven.

Ilustración de Joana Estrela

YUSRA MARDINI

Cuando un bote lleno de refugiados sirios se averió, Yusra se lanzó al agua y los llevó a un lugar seguro. De inmediato se unió a un equipo de natación, el primer equipo de refugiados que competiría en los Juegos Olímpicos.

Ilustración de Jessica Cooper

DIBUJA TU RETRATO

ESCRIBE TU PROPIA HISTORIA

Había una vez...

GLOSARIO

CIBERSEGURIDAD: medidas preventivas o aplicaciones creadas para proteger una computadora o un dispositivo de ataques en internet.

COLORISMO: discriminación hacia un grupo de personas por su color de piel, ojos o cabello.

DEFORESTACIÓN: acción de despojar un terreno de árboles.

DISLEXIA: dificultad de aprendizaje en la que una persona tiene problemas para hilar las letras al leer, escribir o hablar.

EMPRENDEDORA SOCIAL: persona que crea una empresa para resolver problemas sociales, culturales, ambientales o comunitarios.

FISIOTERAPEUTA: profesional que ayuda a las personas a mejorar la movilidad de su cuerpo y que con frecuencia atiende lesiones.

GINECÓLOGA: doctora especializada en la salud de la mujer y de sus órganos reproductivos.

HIYAB: velo tradicional que usan las mujeres musulmanas para cubrirse la cabeza y el cuello.

HACKATÓN: evento donde se reúnen personas para diseñar y desarrollar nuevos programas informáticos.

INCLUSIVO: que incluye y acepta a personas de todas las razas, géneros, identidades y preferencias sexuales y capacidades.

INDÍGENA: perteneciente o relativo a los habitantes originarios de una zona o a sus descendientes.

INDOCUMENTADO: que carece de los documentos de inmigración o permisos de trabajo.

INGENIERÍA BIOMÉDICA: campo de estudio que se especializa en el diseño de tecnología para ayudar a personas heridas o enfermas.

INGENIERÍA MECÁNICA: campo de estudio que se especializa en cómo se fabrican las cosas, en especial en lo que se refiere a la fuerza y el movimiento.

INMIGRANTE: persona que llega a un país para vivir en él de manera permanente.

JUSTICIA SOCIAL: convicción de que todos merecen el mismo acceso a la riqueza, los privilegios y las oportunidades.

NEUROVASCULAR: perteneciente o relativo a los vasos sanguíneos y los nervios.

PROTOTIPO: modelo básico que se usa para probar una idea o concepto.

REFUGIADA: persona que se ve obligada a dejar su país debido a la guerra, el exilio, un desastre natural o por motivos políticos o religiosos.

TRANSGÉNERO: cuando la identidad de género de una persona no coincide con la que nació.

ACTIVIDADES

CONVIÉRTETE EN PRESENTADORA

La presentadora Keke Palmer sabe muy bien que hacer entrevistas es todo un arte. ¿Alguna vez has soñado con tener tu propio programa de entrevistas o con hacerles preguntas a tus ídolos en la alfombra roja o en tu propio pódcast? ¡Esta es tu oportunidad!

1. Haz una lista de personas, vivas o muertas, que quisieras conocer. (Quizás algunas estén en este libro).
2. Elige tres y prepara una entrevista con cada una.
3. Investiga sobre ellas para que puedas comentar sus logros y talentos durante la conversación.
4. Redacta preguntas que te gustaría hacerles.
5. Elige una entrevista y escribe una escena completa en la que aparezcan tanto tus preguntas como las respuestas del entrevistado.
6. Convierte la escena en una obra de teatro, como la que escribió Isabella Madrigal, y pídele a algún amigo o familiar que la represente contigo.

¡INVENTOS PARA TODOS!

Cassidy Crowley inventó una cuchara más segura para los niños pequeños y Riya Karumanchi diseñó un bastón inteligente para las personas con debilidad visual. ¡Son las campeonas del diseño **inclusivo**!

1. Haz una lista de lo que haces todos los días o cada semana.
2. Piensa en personas con capacidades diferentes a las tuyas. ¿Sería fácil para alguien con una discapacidad visual o auditiva desplazarse por tu escuela o participar en los mismos pasatiempos que tú? ¿Podría una persona en silla de ruedas o con una enfermedad crónica participar fácilmente en las actividades extraescolares que te gustan?
3. Diseña una solución que haga que las actividades que practicas sean más fáciles o divertidas para más personas.

ACTUALIZA UN CLÁSICO

Cierto día, Maayan Segal le preguntó a su papá por qué el rey valía más que la reina en una baraja. Después se propuso rediseñar un simple juego de cartas para que fuera más inclusivo y reflejara a una sociedad igualitaria. ¿Se te ocurre algún otro juego que necesite actualizarse? ¿Cómo lo modificarías y por qué?

REGISTRA LO QUE HAY EN EL MUNDO

Bonnie Chiu y Liina Heikkinen saben el gran poder que tiene la fotografía para captar la alegría y el lado humano de las personas en su vida cotidiana o para compartir las maravillas de la naturaleza. ¿Qué imágenes te cautivan más? ¿Qué te gustaría explorar con tu cámara?

1. Haz una lista de personas o lugares que te gustaría fotografiar.
2. Organízate con los adultos de tu casa para salir a una aventura fotográfica. Tal vez ellos también quieran tomar fotos inolvidables.
3. ¡Sal al mundo y fija tus recuerdos en imágenes!

COMPROMÉTETE A TENER HÁBITOS ÚTILES

Piensa en las formas en que tus fotografías podrían ayudar a los demás. ¿Te gustaría compartir sonrisas e historias con adultos mayores, como Ruby Kate Chitsey? Tal vez podrías ofrecerte a retratar a las personas que viven en una casa de asistencia. ¿Te encantan los animales como a Shaine Kilyun? Quizá podrías ayudar a un centro de rescate animal a tomar fotos lindas de las mascotas en adopción. O tal vez te gustaría registrar las maravillas de la naturaleza fotografiando gusanos que salen de la tierra en un día lluvioso o flores que crecen en el parque de tu localidad. ¡Las posibilidades son infinitas!

ENFRENTA TUS MIEDOS

A Rebecca Roos Jensen le daba pavor subirse a un avión, así que, para superarlo, estudió para convertirse en piloto. A Mikaila Ulmer le daban miedo las abejas antes de crear su propia empresa de limonada endulzada con miel. Piensa en algo que te dé miedo e imagina distintas formas de superarlo; luego escribe una historia acerca de cómo enfrentar tu miedo. Visualiza cada momento en tu mente y no olvides incluir todos los detalles.

ACERCA DE LAS AUTORAS

AMA KWARTENG (autora) es escritora de ficción, editora de belleza en la publicación digital *Coveteur* y editora colaboradora de ficción en la revista *Story*. Se graduó de la licenciatura en antropología en el Barnard College en 2017. Su formación académica le permite ver el mundo de la belleza desde una perspectiva única.

AVERY GIRION (autora) es una pelirroja de Los Ángeles que sueña con escribir comedias de televisión. Se graduó de la Universidad de Chapman con una licenciatura en guionismo y producción para televisión. Al final de su estancia en el Dodge College, su guion piloto fue seleccionado para producirse en su totalidad, un honor que solo reciben dos estudiantes al año. Espera poder transmitir historias sinceras y originales sobre la feminidad, el hacerse adulta y sobre cómo decidir quién quieres ser.

BINDI IRWIN (prologuista) es una apasionada de la preservación animal que ha heredado el amor de sus padres por la fauna y los lugares salvajes. Hija de Steve y Terri Irwin, es un alma decidida, destinada a lograr un cambio positivo en el planeta. Debutó en televisión en *El cazador de cocodrilos*, y en el programa de *Las aventuras de Bindi* ha utilizado su entusiasmo por la vida salvaje para ayudar a sensibilizar a otros, tanto jóvenes como adultos, sobre la importancia de preservarla.

EMILY CONNER (autora) es una escritora y diseñadora gráfica de dieciséis años que vive en Florida. Escribe poemas, cuentos y ensayos periodísticos. Es exploradora desde los cinco años. Fundó la revista de arte literario *Astraea Zine*. También es activista y voluntaria en su comunidad.

FRANCES THOMAS (autora) es una escritora y editora que vive en Brooklyn, Nueva York. Le encanta ir al cine entre semana, preparar grandes cenas con sus amigos y leerle historias en voz alta a su marido. Espera ayudar a los lectores a convertirse en su versión más auténtica con todo lo que escribe.

JESS HARRITON (editora y autora) es editora de Niñas Rebeldes, donde se ocupa de las historias que deleitan e inspiran a niñas de entre siete y doce años. Ha trabajado con autoras premiadas y de gran éxito como Jessica Goodman, Tochi Onyebuchi, Jennifer Yen y Hannah Reynolds. Sus escritos han aparecido en *Concrete Literary Magazine* y HelloGiggles.com. Se graduó del Emerson College en 2013. Ahora vive en Brooklyn, Nueva York, en un departamento lleno de libros.

MAITHY VU (editora y autora) es una escritora estadounidense de ascendencia vietnamita que ama el surrealismo y la mayoría de las cosas raras. Mientras estudiaba arte teatral en la Universidad de Santa Cruz, California, se dedicó a escribir poesía, obras de teatro y sketches un poco extraños para un equipo de comediantes integrado solo por mujeres. En 2015 publicó una novela corta titulada *Wounded Wisteria*, en la que fusiona ficción en verso con sus propias ilustraciones en acuarela. Más tarde obtuvo un máster en escritura creativa y literatura en la Harvard Extension School, donde completó su primera novela, *Squid Season*. A principios de 2019 se unió al equipo editorial de Niñas Rebeldes. Desde entonces sus compañeros reciben semanalmente charlas obligatorias sobre Taylor Swift.

SAM GUSS es autora de libros infantiles, dramaturga, investigadora y narradora. Trabaja con artistas visuales y tecnólogos en instalaciones de arte interactivo. Es cocreadora de *Feminist Flashcards*, publicado por Downtown Bookworks. Algunas de sus historias pueden encontrarse en *Rebel Girls Champions*, *Rebel Girls Powerful Pairs* y *Rebel Girls Climate Warriors*. Vive en Brooklyn, Nueva York.

SHANNON JADE (autora) cree en los poderes mágicos de la escritura. Ha publicado *Seashells for Stories*, *Way Back When*, y de varios otros libros y proyectos de ficción. Es licenciada en escritura creativa, escritura profesional y edición por la Universidad de Curtin, y hoy en día estudia una maestría en medio ambiente. Espera que los mundos mágicos que aparecen en sus historias nos ayuden algún día a salvar nuestro propio mundo mágico.

SHELBI POLK (autora) está interesada en explorar la intersección entre la defensa de los derechos humanos y la narración de historias. Espera seguir estudiando la forma en que la gente repara las injusticias. Como su formación académica es en literatura y derechos humanos, le encanta trabajar en casi todo lo que tenga que ver con narrativa o con alguna causa. Además, ha viajado o vivido en más de treinta países de cuatro continentes, por lo que las historias que implican viajes o comunicación intercultural para ella tienen puntos extra.

SOFÍA AGUILAR (autora) es una escritora chicana que reside en Los Ángeles, California. Su trabajo ha aparecido en *New Orleans Review*, *Emerge Literary Journal* y *Melanin Magazine*, entre otras publicaciones. Como exalumna de WriteGirl y graduada universitaria de primera generación, se licenció en el Sarah Lawrence College, donde recibió el Premio Andrea Klein Willison de Poesía y el Premio en Memoria de Spencer Barnett a la Excelencia en Estudios Latinoamericanos y Latinxs. Además, fue becaria de Sandra Cisneros en el programa de escritura Under the Volcano en 2022.

STORY HEMI-MOREHOUSE (autora) es una escritora e ilustradora maorí para medios infantiles. Su trabajo se ha centrado en revitalizar y celebrar su cultura polinesia, así como en crear obras significativas en las que los niños indígenas puedan verse reflejados.

SYDNEE MONDAY (autora) es una exniña sentimental, hermana mayor y editora de libros infantiles. Se graduó en medios de comunicación, periodismo y cine en la Universidad de Howard. Sus escritos han aparecido en lugares como National Public Radio y *Washington City Paper*.

TATYANA WHITE-JENKINS (autora) es una escritora, poeta y narradora de Gloucester, Virginia. De niña le fascinaba la palabra escrita y el hecho de que esta representara una vía para contar historias sinceras. Más tarde se trasladó a Washington, D.C. para convertir su pasión en una carrera de comunicación, utilizando la escritura y otras plataformas para contar las cautivadoras historias de otros. Tras descubrir su amor por la poesía y el ensayo personal, finalmente está preparada para contar su propia historia. Puedes seguir su viaje en Instagram @tatyanawrites o en tatyanawhitejenkins.com.

ILUSTRADORAS

Ochenta artistas extraordinarias que se identifican como mujeres (o como personas no binarias) y provienen de todas las partes del mundo, fueron quienes retrataron a las innovadoras y rebeldes protagonistas de este libro.

AMY PHELPS, ESTADOS UNIDOS, 75, 89
Ilustradora infantil que reside en Portland, Oregón. Cuando no está haciendo obras de arte divertidas y llenas de color, le encanta acurrucarse con un buen libro y una taza de té.

ÁNGELA ACEVEDO PÉREZ, PERÚ, 29
Es licenciada en arte y diseño gráfico empresarial. Actualmente trabaja como ilustradora desarrollando numerosos proyectos para marcas que requieren piezas llenas de emoción, innovación y creatividad. A través del arte ha encontrado su pasión y ha dejado su esencia en cada trabajo. Recientemente diseñó ilustraciones para marcas como Juguete Pendiente, Niñas Rebeldes y Editorial Planeta.

ANGELA HINOJOSA, MÉXICO, 85
Ilustradora mexicana a quien le gusta expresar su amor por la cultura de su país, las mujeres y la biodiversidad en todas sus ilustraciones, las cuales realiza en medios digitales y mixtos.

ANNA DIXON, ESTADOS UNIDOS, 121, 195
Es una cara nueva de la ilustración que usa su trabajo para conectarse con la gente. Es una *swiftie* (fan de Taylor Swift) empedernida, amante de los perros, y conduce un Beetle color azul mezclilla.

ANNALISA VENTURA, ITALIA, 45
Es una ilustradora y diseñadora gráfica de Milán, Italia. Sus trabajos exploran las dimensiones del color con pinceladas suaves, detalles y juegos románticos de luces que muestran su personalidad.

AVANI DWIVEDI, INDIA, 169, 171
Ilustradora de Bombay, India. A través de sus coloridas y extravagantes ilustraciones pretende revelar relatos sobre el complejo y diverso patrimonio de la India que aún están por descubrirse en la literatura infantil.

BANDANA TULACHAN, NEPAL, 179
Es una ilustradora y diseñadora de Katmandú, Nepal. Escribe e ilustra libros infantiles y cómics; trabaja en proyectos de ilustración, impresión y publicación. Su primer libro ilustrado como autora, *Sanu and the Big Storm*, (*Sanu y la gran tormenta*) fue publicado por Fineprint Books en 2015. Disfruta de viajar, coser y escribir en su diario.

BETSY FALCO, REINO UNIDO, 19
Artista *queer* que trabaja en el este de Inglaterra. Ilustradora digital autodidacta que ama la mitología, el folclor, la fantasía y a los vaqueros. Sus principales fortalezas artísticas son el diseño de personajes y la ilustración conceptual con un toque de fantasía retro.

CAMELIA PHAM, VIETNAM, 25, 123
Es famosa por utilizar el cuerpo humano para contar historias mediante contornos atrevidos con colores fuertes, trazos geométricos y texturas caleidoscópicas.

CATHY HOGAN, IRLANDA, 33
Ilustradora y diseñadora que reside en Cork, Irlanda. Ha hecho ilustraciones para muchas marcas y campañas nacionales. En su obra le encanta captar la vitalidad y la personalidad de la gente.

DANIELLE ELYSSE MANN, ESTADOS UNIDOS, 17
Ha creado portadas, ilustraciones para libros infantiles y diseñado los personajes de una línea de ropa para niños, entre otros trabajos de diseño. Aboga por la representación de las personas históricamente marginadas, en particular las mujeres de color, y explora esto como un discurso en su práctica artística.

DOMINIQUE RAMSEY, ESTADOS UNIDOS, 193
Es una ilustradora premiada a quien le encanta dibujar cosas extravagantes. Ha trabajado para Pinterest, Snapchat, Penguin Random House, Netflix y muchas empresas más.

EMMA ROSE ENCOMIENDA ACOSTA, ESTADOS UNIDOS, 23
Joven ilustradora a la que le apasiona todo lo creativo. Pasa el tiempo conversando con las piedras y piñas de pino que tiene como mascotas, aunque ninguna de ellas parece tener interés en participar en la conversación.

EVELYN KANDIN GELER, ARGENTINA, 111
Diseñadora gráfica e ilustradora feminista que ha trabajado para diversas marcas, ONG e instituciones relacionadas con los derechos humanos y de las mujeres, así como con la representación en los medios de comunicación.

GABY VERDOOREN, ESTADOS UNIDOS, 131, 189
Ilustradora que recurre en gran medida a la nostalgia de su infancia y al intenso misticismo de la naturaleza. Su trabajo se inspira en paletas de colores otoñales, la estética fantástica *vintage* y el ocultismo. Sus obras han encontrado un hogar en cuentos populares, personajes y reinos invisibles de su propia invención.

GRACE LANKSBURY, REINO UNIDO, 165
Ilustradora independiente que reside en el sureste de Londres. Trabaja digitalmente y crea ilustraciones que suelen girar en torno a una narrativa, ya sea en forma de libro o incluso como una sola imagen. Le gusta jugar con los colores y las tonalidades; su trabajo es audaz y atmosférico.

HAFSA SALOOJEE, CANADÁ, 129
Tiene dieciséis años, vive en Ottawa con sus dos gatos y sus intereses incluyen el k-pop y su nuevo lapicero.

ISIP XIN, ESTADOS UNIDOS, 95
Ilustradora editorial estadounidense. Su trabajo recurre a colores vivos y una gran energía para contar historias, por lo general relacionadas con la belleza, la fantasía y la feminidad.

IZZY EVANS, REINO UNIDO, 49
Ilustradora y a veces autora de libros para niños y cómics. Su estilo se caracteriza por la diversidad de sus personajes y por sus colores atmosféricos.

JAMIE GREEN, ESTADOS UNIDOS, 109
Creadora e ilustradora independiente que vive en Greenville (¡como su apellido!), Carolina del Sur. Su objetivo es intrigar y sensibilizar a la vez, combinando naturalidad y extravagancia mientras que deja un espacio para la curiosidad (y para un poco de magia). Le intrigan los temas referentes a la conexión humana, los viajes, la historia y el movimiento.

JANICE CHANG, ESTADOS UNIDOS, 27, 113
Ilustradora que nació y creció en Los Ángeles y ahora reside en Brooklyn, Nueva York. Gran parte de su obra representa con sinceridad las flexibles y a veces humorísticas extremidades de sus personajes, esto como una forma de iniciar conversaciones sobre cuestiones sociales e interpersonales.

JENIN MOHAMMED, ESTADOS UNIDOS, 69
Autora e ilustradora originaria de Orlando, Florida. Ingresó al mundo de la literatura infantil cuando ganó la primera exposición de portafolios del encuentro Summer Spectacular (Verano espectacular) de la SCBWI (Sociedad de Escritores e Ilustradores de Libros para Niños).

JIALEI SUN, CHINA, 175, 191
Ilustradora y desarrolladora de productos infantiles. Después de concluir una maestría en ilustración en el Maryland Institute College of Art, trabaja creando ilustraciones llenas de color, personajes y humor que puedan contar una historia.

JIAQI WANG, ESTADOS UNIDOS, 47
Ilustradora y animadora de origen chino que reside en Los Ángeles. Le encanta usar líneas marcadas, todas con el mismo peso visual y rodeadas de colores lisos, así como dar la misma prioridad a todos los elementos de un dibujo, usando a veces perspectiva, personajes extravagantes e imágenes en movimiento para reforzar la narración.

JIAWEN CHEN, CHINA, 21, 93
Ilustradora independiente que vive en Guangdong, China. Prefiere disponer la composición de sus creaciones mediante ideas abstractas.

JOANNE DERTILI, GRECIA, 65
Nació en Grecia, pero vive en Reino Unido desde 2011. Ha trabajado mucho en animación y también hace guiones gráficos, arte conceptual, pintura 3D y diseño de impresión.

JULIETTE TOMA, ESTADOS UNIDOS, 91
Ilustradora que reside en Los Ángeles. Su inspiración es la moda *vintage*, los libros de cocina antiguos, los objetos *kitsch* y las mujeres fuertes.

JUNETIEN, VIETNAM, 101, 153
Se graduó de una maestría en comunicación visual de la Kingston University London en 2018. Desde entonces empezó a trabajar como ilustradora y profesora de arte.

KAMO FRANK, SUDÁFRICA, 59
Su obra es una narración visual sobre la excelencia de las mujeres, con ilustraciones llenas de personalidad, nostalgia y vivacidad.

KATHERINE AHMED, ESTADOS UNIDOS, 55
Nació y creció en Nueva York y se licenció en historia e ilustración en la New School. En 2021, recibió la mentoría en ilustración We Need Diverse Books (Necesitamos Libros sobre Diversidad). Vive en Nueva Jersey con su esposo y sus dos hijas.

KELSEE THOMAS, ESTADOS UNIDOS, 53
Ilustradora independiente originaria de Dayton, Ohio, que trabaja en Los Ángeles. Se dedica a escuchar demasiada música, ver Netflix todas las noches y tratar de terminar de leer los libros que no deja de comprar para su creciente biblioteca.

KIRAN JOAN, ESTADOS UNIDOS, 51
Ilustradora que reside en Baltimore, cuya obra se caracteriza por las texturas y el contraste de líneas fluidas. Sus mundos mágicos están influenciados por la mezcla de culturas en la que creció: Omán, India y Estados Unidos. Ha trabajado para diversos clientes como el *New York Times*, *Politico*, *Huffington Post*, NBC News, entre otros.

KITT THOMAS, ESTADOS UNIDOS, 125
Katelan (de cariño, Kitt) es una autora e ilustradora estadounidense de primera generación, proveniente de Santa Lucía, cuya misión es celebrar la cultura negra y fomentar la diversidad en el arte. Ha trabajado para empresas como Netflix, Hasbro y Cartoon Network.

LAURA PROIETTI, ITALIA, 73
Ilustradora infantil cuya obra ha aparecido en diversas editoriales, tanto italianas como extranjeras. También ha publicado algunos libros. Su mayor pasión es el dibujo, junto con el amor por los gatos, las flores y las setas.

LU ANDRADE, ECUADOR, 79
Ilustradora proveniente de las montañas de Quito. Feminista y amante de los gatos, ha trabajado con diversos clientes de todo el mundo.

LUCY NIGHTINGALE, AUSTRALIA, 37
Es una estudiante australiana de preparatoria a quien le encanta hacer arte digital, en particular retratos. También disfruta jugar *hockey*, tocar el violín y jugar con su perro.

LYNNE HARDY, ESTADOS UNIDOS, 83
Artista originaria de Arizona, crea ilustraciones modernas de su cultura nativa americana para que todos las disfruten y dirige una empresa en línea llamada Ajoobaasani. Cuando no está diseñando o dibujando, pasa el tiempo con su familia.

MAEDEH MOSAVERZADEH, IRÁN, 161
Artista visual e ilustradora iraní que vive en Canadá, en la ciudad de Calgary, Alberta; disfruta dibujando paisajes, personas y animales.

MAJU BENGEL, BRASIL, 105
Ilustradora y diseñadora brasileña que ha trabajado para diversas marcas y editoriales de Brasil y otros países.

MALIHA ABIDI, REINO UNIDO, 155
Artista, autora y activista. Ha escrito e ilustrado tres libros centrados en los derechos de las mujeres, las historias de gente BIPOC (siglas en inglés de negros, indígenas y personas de color) y de inmigrantes.

MARELLA MOON ALBANESE, ESTADOS UNIDOS, 141
Nacida en el oeste de Nueva York, actualmente trabaja en Brooklyn. Se licenció en ilustración en el Fashion Institute of Technology. Se inspira en las subculturas que surgieron en torno al *reggae*, el soul, el punk y la androginia, así como en el arte de los años cincuenta y sesenta.

MARU SALEM-VARGAS, FILIPINAS, 63
Ilustradora de libros infantiles originaria de Filipinas. Le encanta compartir la belleza del mundo a través de sus creaciones.

MELISA FERNÁNDEZ NITSCHE, ARGENTINA, 183
Ilustradora, diseñadora gráfica y artista creativa que nació y creció en Buenos Aires, Argentina. Trabaja de manera independiente acompañada por su gato y un delicioso café. Su obra ha aparecido en anuncios, juegos infantiles y medios de comunicación digitales. Le interesan las historias que transmiten ternura, sensibilidad e imaginación.

MIA JOELY TUÑÓN, ESTADOS UNIDOS, 35
Estudiante de preparatoria de dieciséis años originaria de Miami, Florida, a quien le gusta la pintura al óleo y crear ilustraciones digitales con mucho detalle y color. Mientras sigue creciendo y explorando sus técnicas, le gustaría exponer sus obras en su propia galería de arte.

MIA SAINE, ESTADOS UNIDOS, 39
Persona no binaria afroamericana, originaria de Memphis, Tennesse, que se dedica a la ilustración y el diseño. Le gusta normalizar y aumentar el empoderamiento y la felicidad de las minorías y difundir sus experiencias.

MICHELE MILLER, ESTADOS UNIDOS, 135
Prometedora ilustradora y animadora digital de veintidós años, conocida por su estilo pop femenino semirrealista, que trata de incluir la diversidad en su arte y sus animaciones.

MONET ALYSSA, ESTADOS UNIDOS, 103
Ilustradora independiente que vive en Búfalo, Nueva York. Su obra combina medios tradicionales y digitales para crear los motivos coloridos y psicodélicos que adornan a sus personajes.

NAKI NARH, REINO UNIDO, 187, 203
Artista de ascendencia ghanesa que tiene dos hogares: Accra y Londres. Su obra juega con explosiones de color y patrones como rasgos distintivos de un estilo en constante evolución. Expresa estas ideas a través de medios como tinta y acrílico sobre papel, pintura digital y lienzo.

NATALIA AGATTE, BRASIL, 67
Ilustradora brasileña que reside en Brooklyn, Nueva York. Le encanta trabajar con colores, texturas y luz para retratar la diversidad de la mujer, con un poco de moda. Durante los últimos siete años ha vivido en Nueva York, donde trabaja como ilustradora independiente.

NATALIA CARDONA PUERTA, ESTADOS UNIDOS, 205
Ilustradora y diseñadora premiada que vive en Portland, Oregón. Siendo originaria de Colombia, pasó su infancia rodeada de bosques frondosos, montañas poderosas y ríos caudalosos. Ahora pasa el tiempo en su acogedor estudio, creando todo tipo de cosas, desde libros infantiles hasta instalaciones artísticas de gran escala, productos y mucho más.

NOA DENMON, ESTADOS UNIDOS, 99, 151
Ilustradora premiada a la que le encanta realzar y retratar las historias de las personas menos representadas y que espera crear obras que muestren a la humanidad con todas sus diferencias.

OLIVIA WALLER, REINO UNIDO, 31, 97
Ilustradora y grabadora independiente que vive en Brighton, representada por la agencia Folio Illustration. En su obra combina elementos de *collage*, dibujo y grabado para mostrar escenas con personajes impresionantes y celebraciones de mujeres.

PAU ZAMRO, MÉXICO, 77
Ilustradora mexicana cuya obra se inspira en la naturaleza, la fantasía y la moda.

PAULA ZORITE, ESPAÑA, 43, 163
Ha trabajado como ilustradora para muchas empresas y editoriales de todo el mundo, como Capstone, Hinkler y Pearson. Se especializa en arte digital y diseño de personajes.

PHOEBE FALCONER, REINO UNIDO, 139
Tiene quince años y descubrió su pasión por el arte a muy temprana edad. Esta ilustración es su primer trabajo por encargo ¡y espera tener muchos más!

RACHEL ELEANOR, ESTADOS UNIDOS, 107
Ha hecho ilustraciones para diversas marcas, proyectos de embalaje, libros ilustrados, revistas, artículos de papelería y murales.

RAE CRAWFORD, ESTADOS UNIDOS, 71, 81
Ilustradora y diseñadora que vive en la ciudad de Nueva York con su pareja. Es la creadora del webcómic *I'm Broken, Send Help* (*Estoy en quiebra, ayúdenme*) y actualmente trabaja en su primer libro ilustrado. Puedes encontrarla en Instagram y Twitter como @imbrokencomics.

RAFAELA RIJO-NÚÑEZ, ALEMANIA, 199, 209
Ilustradora que expresa sus emociones mediante imágenes e historias.

REN CAPACIO, FILIPINAS, 211
Licenciada en salud pública a la que le apasiona compartir su amor y conocimientos sobre ciencia, bienestar y salud a través de la ilustración.

ROCIO CAPUTO, ARGENTINA, 117, 127
Le apasiona contar historias por medio de sus ilustraciones, en las que crea narraciones visuales profundas con colores brillantes y texturas únicas.

RONIQUE ELLIS, JAMAICA, 137
Ilustradora jamaiquina que vive en la ciudad de Nueva York. Creció dibujando, leyendo y explorando el campo en un pequeño pueblo.

SANNA LEGAN, ESTADOS UNIDOS, 185
Activista y artista cuya práctica se enfoca en los derechos de las mujeres y en discutir temas como los trastornos alimenticios, el derecho al aborto, la cirugía cosmética, los derechos menstruales y otras injusticias. Ha colaborado con la National Women's Health Network (Red Nacional de Salud de las Mujeres), la Lista EMILY y la organización Dressember. Es la directora creativa de la organización AmplifyHerNYC, así como artista de educación sexual en la asociación Planned Parenthood (Paternidad Planeada).

SARA CANSINO, MÉXICO, 149
Ilustradora mexicana que estudió mercadotecnia y comunicaciones. Ha hecho ilustraciones para *Flamantes: Libro de Artistas*, *Revista Cultural* y *Epéktasi*.

SARAH MAXWELL, REINO UNIDO, 41
Artista de cómic e ilustradora estadounidense que vive en Londres. Su trabajo abarca desde la ilustración de modas hasta los GIF animados y los cómics. Le encantan los colores pastel, las flores y las cosas delicadas.

SELAH POTMA, ESTADOS UNIDOS, 115
Ha dibujado desde que pudo sostener un lápiz. Disfruta leer libros de fantasía y novelas gráficas, ver la televisión, las ranas y los memes.

SHIANE SALABIE, ESTADOS UNIDOS, 61
Ilustradora de origen jamaiquino a la que le gusta contar historias a través de su arte y de usar colores intensos.

SIBEL BALAC, ALEMANIA, 181
Ilustradora independiente que vive en Stuttgart, Alemania. Su obra se caracteriza por un estilo lúdico, líneas marcadas y colores en tendencia. Le encanta centrarse en diferentes formas y proporciones, en especial con sus personajes. Sus trabajos se usan en diversas áreas, como la ilustración editorial, la publicidad y la animación.

SOFIA CAVALLARI, ITALIA, 201
Ilustradora italiana que estudió ilustración en Roma y Londres. Entre sus pasiones se encuentran la literatura, la música, la naturaleza y cualquier cosa que encienda la imaginación y la creatividad. Trabaja de manera independiente y está por publicar su tesis.

SOL COTTI, ARGENTINA, 57
Ilustradora multipremiada que vive en Buenos Aires, a la que le gusta contar historias visuales originales, inspiradas en cuestiones de género, en la mujer y la diversidad, a través de un estilo audaz y relajado. Su obra ha aparecido en publicaciones de renombre como el *New York Times*, *New Yorker* y la revista *Time*, y ha trabajado con marcas como Adidas, Airbnb y United Nations. El Museo Guggenheim y el Louvre han usado su obra en sus anuncios.

STORY HEMI-MOREHOUSE, NUEVA ZELANDA, 197
Escritora e ilustradora maorí para medios infantiles. Su obra se centra en revitalizar y celebrar su cultura polinesia, así como en crear obras significativas en las que los niños indígenas se vean reflejados.

TAINA LAYLA CUNION, ESTADOS UNIDOS, 133, 177
Ilustradora afropuertorriqueña independiente que vive en Baltimore, Maryland, donde ilustra libros infantiles, crea cómics y dibuja *doodles*.

TAMIKI, PERÚ, 167
Es una ilustradora peruana de ascendencia japonesa a la que le encanta el anime. Ha participado en varios concursos y exhibiciones de arte, además de proyectos culturales. Considera que su trabajo tiene el poder de generar cambios positivos y de motivar a la gente a través de los mensajes de todos sus personajes, temas e historias. Espera que su trabajo sirva de inspiración y deje una huella en quienes lo observen.

TASNEEM AMIRUDDIN, INDIA, 207, 213
Ilustradora multidisciplinaria que se inspira en preciosos atardeceres rosas, niños traviesos, noches oscuras, estrellas brillantes, magia y otros caprichos por el estilo. Ha ilustrado libros infantiles y juveniles para diversas editoriales del mundo.

TAYLOR MCMANUS, ESTADOS UNIDOS, 87
Ilustradora y profesora que vive en el norte de Virginia. Su obra se inspira en la fotografía, la moda, la música, el cine y la cultura pop.

TONI D. CHAMBERS, ESTADOS UNIDOS, 143
Ilustradora y novelista gráfica de New Haven, Connecticut.

TYLER MISHÁ BARNETT, ESTADOS UNIDOS, 215
Ilustradora y diseñadora que reside en Los Ángeles. Su mantra creativo es «diseña con empatía». Se especializa en crear obras de arte vibrantes, llenas de textura y color.

VIVIENNE SHAO, REINO UNIDO, 157
Ilustradora que vive en Londres. En 2021 se graduó de una maestría en ilustración y medios visuales en el London College of Communication.

WEITONG MAI, REINO UNIDO, 159
Hace ilustraciones para usos editoriales y comerciales. Sus clientes incluyen a DK Books, Kiehl's, National Trust, Apple y Moleskine.

YEGANEH YAGHOOBNEZHAD, IRÁN, 119
Se convirtió en ilustradora porque amaba dibujar desde que era niña. Sus obras surgen de momentos, emociones, detalles y movimientos cotidianos, así como de su propia vida.

YIYI CHEN, CHINA, 145
Es una ilustradora que nació en China y estudió arte y diseño en Savannah, Georgia. La inspiran las forma interesantes y los colores de las casas en Savannah.

ZAHRA SOLTANIAN, IRÁN, 173
Es una artista independiente que ha ganado primer lugar en diferentes festivales de ilustración en Irán.

ZUZA KAMIŃSKA, POLONIA, 147
Ilustradora polaca que vive en Berlín. Estudia personajes sorprendentes y las celebraciones de mujeres.

QUE LA REBELDÍA SIGA

Diviértete e inspírate con más historias de Niñas Rebeldes y libros de actividades.

Descubre los revolucionarios inventos de Ada Lovelace, una de las primeras programadoras del mundo.

Conoce la emocionante empresa de Madam C. J. Walker, la pionera en la industria del cuidado del cabello y la primera mujer de Estados Unidos que hizo su propia fortuna.

ACERCA DE NIÑAS REBELDES

NIÑAS REBELDES es una marca global multiplataforma que se dedica a cultivar y empoderar a generaciones de niñas a través de la creación de contenido, experiencias, productos y comunidades. Niñas Rebeldes, que tiene su origen en un libro infantil de gran éxito internacional, difunde historias de mujeres reales que se han desarrollado en diversas épocas, lugares y ámbitos. Con una comunidad cada vez más grande, casi veinte millones de Niñas Rebeldes que en más de cien países se reconocen como tales, la marca interactúa con la generación alfa a través de su serie de libros, su premiado pódcast, sus eventos y sus productos.

Únete a la comunidad de Niñas Rebeldes:
Facebook: facebook.com/rebelgirls
Instagram: @rebelgirls
Twitter: @rebelgirlsbook
Web: rebelgirls.com
App: rebelgirls.com/app

Si te gustó este libro, regálanos un minuto y reséñalo donde prefieras.